金龍・銀龍といっしょに幸運の波に乗る本

願いがどんどん叶うのは、必然でした

Tomokatsu ／紫瑛

青春出版社

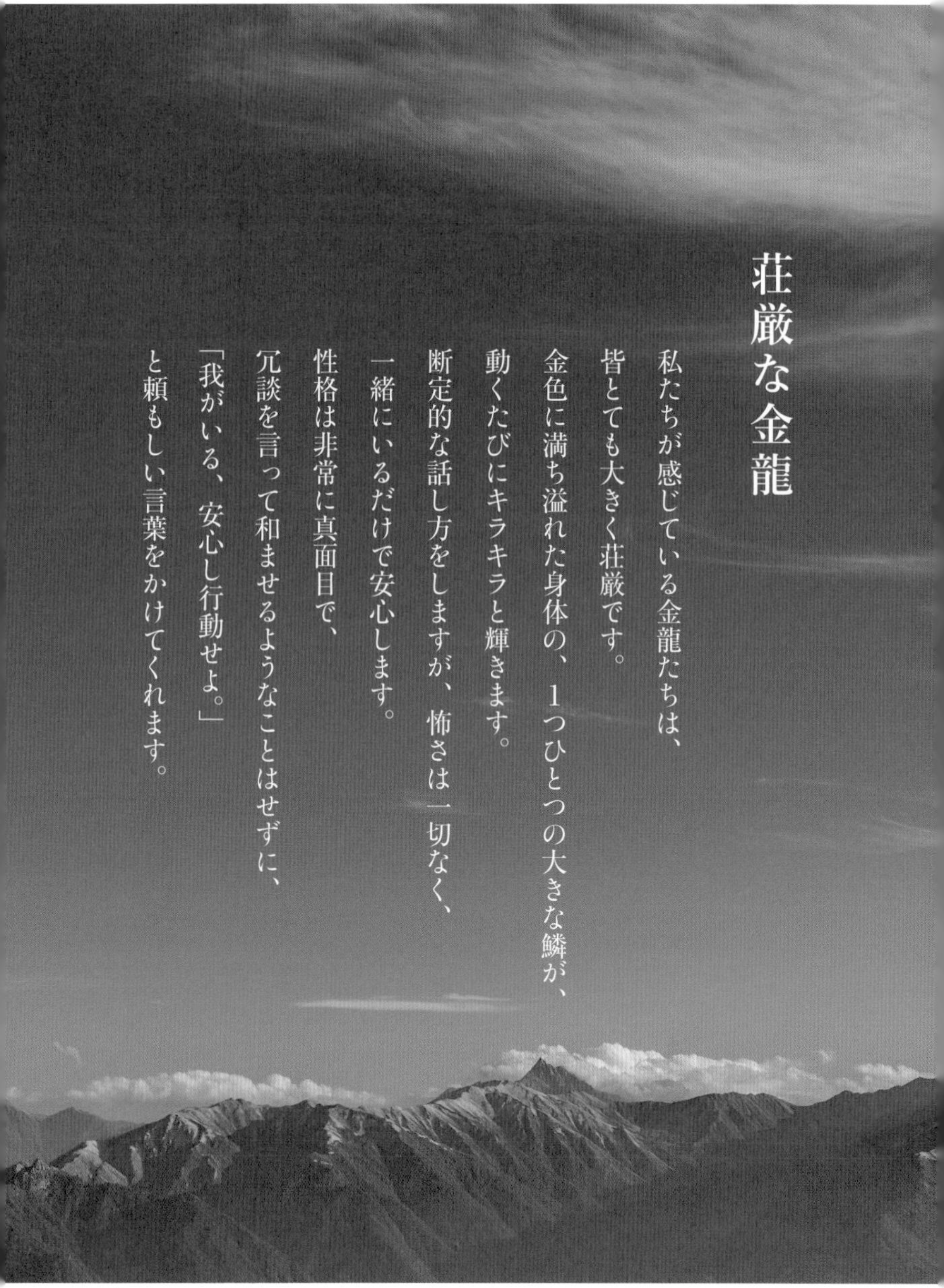

荘厳な金龍

私たちが感じている金龍たちは、
皆とても大きく荘厳です。
金色に満ち溢れた身体の、1つひとつの大きな鱗が、
動くたびにキラキラと輝きます。
断定的な話し方をしますが、怖さは一切なく、
一緒にいるだけで安心します。
性格は非常に真面目で、
冗談を言って和ませるようなことはせずに、
「我がいる、安心し行動せよ。」
と頼もしい言葉をかけてくれます。

しなやかな銀龍

私たちが感じている銀龍たちは、
身体の大きさが均一ではありません。
流れるエネルギーによって
銀龍の大きさが変わるからです。
上流の水が湧き出ているような
ところにいる銀龍の体は小さく、
湖や海の近くにいる銀龍は大きく感じます。
どの銀龍もとてもしなやかで、
風や雲として感じることもあります。

優しい口調で、
安心感を与えるように語ります。
「私がいますから、安心して続けましょう。」
と、人が自ら行動するための
後押しとなる言葉をかけてくれます。

はじめに

本書は、我が家にいる金龍の「アーロン」、神奈川県・江の島にいる銀龍の「ミタ」、そしてＴｏｍｏｋａｔｓｕ《ともかつ》と紫瑛《しのえ》という人間の夫婦が書いています。
「龍と人間が一緒に生きることは、とても楽しい」と実感している4名です。

私たち夫婦が気づいたときには、金龍のアーロンは既に私たちのそばにいました。
体長130㎝程の小さな体で、いつも紫瑛の枕元で一緒に眠っていて、話しかけても起きない龍でした。何年経っても起きないので、「なぜここにいるのだろう？」「よくいる金色の龍とは少し違う存在なのかもしれない」と感じるほどでした。

それが、ある日突然、変化をしました。急に目を開け、キッチンの炊飯器に入っていた炊き立てご飯をガブガブと食べ（実際には食べていません。ご飯のエネルギーだけ食べました）、私たちが住んでいるマンションを飛び出し、空中でグルグルと回転し始めて、あっという間に大きくなったのです。たったの数分で130㎝から全長がわからないくらい大きくなりました。

今は大きすぎるためにマンションの上にいることが多く、一緒に部屋で過ごすことはありません。しかし、紫瑛が風邪で寝込んだときには、窓の外からこちらを覗《のぞ》いて口先だけを窓から部屋に入れて、

「さあ、この薬草を使うのだ。快方に向かうだろう。」

と、束になった草をくわえて持ってきてくれたことがあります。

紫瑛が何かを考えこんでいても、

「いつでも話を聞くぞ。」

と言ってそばにいてくれます。どんなときも気にかけてくれるとても優しい龍です。

私たちにとって、アーロンはいつもそばにいる家族のような存在ですが、今では多くの人々のために大活躍をしています。Ｔｏｍｏｋａｔｓｕのイベントやブログを通してアーロンを知った人々が、それぞれにアーロンと親交を深め、願いを叶えるサポートをしてもらっています。「今日、アーロンが家に来ました」「うちの龍がアーロンのところに行ったみたいです」といったご報告を受けることもありますし、アーロンをきっかけに他の金龍や銀龍とも親しくなり、望む生き方へと人生がさらなる変化をし

ている人々もいます。

そして、もう一体私たちと親しくしているのが銀龍のミタです。

ミタは、Ｔｏｍｏｋａｔｓｕが中学生のときに一度、江の島で巨大な雲として出会った銀龍です。Ｔｏｍｏｋａｔｓｕ自身は覚えていませんが、ミタがそう話しています。

再会したのはアーロンが目覚めた後、私たちがアーロンと親しくなって龍について深く考えるようになってからです。アーロンに見合う「対」となる銀龍を探したときに再び現れました。アーロンと同じように巨大ですが、包み込むような優しさと力強さを併せ持っています。


私たち夫婦の紹介もしましょう。龍から見ると龍には金龍と銀龍の2種類がいますが、Ｔｏｍｏｋａｔｓｕは、アーロンとミタをはじめとした、その両方のグループとコミュニケーションを取ります。龍を見て、龍と話して、龍の視点に近いところから物事を見ます。龍と人との橋渡しをする役割です。紫瑛は感覚で龍を感じ取ることを得意とし、龍の意図を汲みとった行動をします。率直に龍とつきあうため、「紫瑛さんが仲良くしているから、龍は怖くないと思った」と言われることが、よくあります。

私たちは龍と一緒に生きることが当たり前になっているので、龍について話すことは日常茶飯事です。しかし、実際には多くの人が龍のことを自由に話せる状況にありません。龍への興味も、「これは龍かもしれない」と思った体験も、誰とも話せない人が多くいるのです。最近は龍のエネルギーを感じる人が増えているので、龍にまつわる体験をする人が増えるのは自然なことなのにもかかわらず、それを話せる相手がいない状況なのです。

いま龍に興味がある人の多くは銀龍とだけつながっています。ぜひ本書で、金龍にも触れてください。

金龍と銀龍の両方と触れ合うことで、生き方が変わります。人生が変わります。本書を読み終わるとき、あなたの中で金龍と銀龍の両方のエネルギーが交わっていることでしょう。

龍と一緒に願いを叶える方法も龍の話も、すべて詰め込んだ本書をあなたにお届けします。

Tomokatsu、紫瑛、アーロン、ミタ

『金龍・銀龍といっしょに幸運の波に乗る本』目次

第2章

第4章

第5章

願いを叶えるステップ③

銀龍と共に、行動し変化を感じる

第6章

願いを叶えるステップ④
金龍と共に、願いの見直しをする…… 127

第7章 龍と人間が上手につきあうために……163

本文デザイン――岡崎理恵
企画協力―――NPO法人企画のたまご屋さん
カバー写真提供―iStock.com/ ly86

本文写真提供
©Takayoshi Oshima-Fotolia.com
©rarumenia-Fotolia.com
©blew_f-Fotolia.com
Maksimilian/shutterstock.com
anonymous605936/ shutterstock.com
Chumphol Yunphuttha/ shutterstock.com
travellight/shutterstock.com

第1章

金龍と銀龍とは何か？

龍はすべてを知っている

私たち夫婦は、何年も気づかぬうちに金龍のエネルギーを受け取り続けてきました。紫瑛《しのえ》のそばでアーロンが長年眠り続けていることに気づいて、それを認めてきたからです。眠り続ける理由も、紫瑛のそばにいる理由も追究しませんでしたが、「意味があるからアーロンと私たちの今の状態がある」という確信は持っていました。それだけで、アーロンは私たちにエネルギーを与え続けてくれていたのです。

実は、**誰のそばにも龍は存在しています**。

あなたが寝ているときも起きているときも、何かをしているときも寝そべってゴロゴロしているときも、いつもそばにいるのです。

もし他人には見せられない秘密があったとしても、それを龍は知っています。

お母さんのおなかに魂が入ったときから、魂が肉体を離れるまでを知っています。

目に見えない世界、スピリチュアルな世界に興味のある人が、過去世や未来世と呼ぶものも知っています。そうです、あなたを、あなたのすべてを知っているのです。

そしてこれは、特定の一個人だけの話ではありません。龍は、すべての人のすべてを知っています。

では、そのような龍は、なぜ人のそばにいるのでしょうか。

それは、龍が地球にあるエネルギーだからです。

地球の中心部には、「地球のエネルギー」と呼ばれるエネルギーがあります。人間の体の中にある魂のようなものです。人間の魂や植物、石、動物などのエネルギーとは比べ物にならないくらい濃密な大きな愛のエネルギーで、人を守り育てています。

その地球のエネルギーの一部が地表に出てきたものが、龍なのです。

地球のエネルギーが龍となった理由は、人間がそれを望んだからです。いま、生きている人々が「龍にいてほしい」と望んでいるから、今も龍は存在し続けています。

しかし、龍だけが特別な存在なのではありません。日本の神さまの一部、ハワイの神さまの一部や天使なども、同じような存在です。時代や文化、宗教などの影響を受けながら、人は様々な存在に名前をつけ、共に生きています。その一つである龍は、エネルギーであり、人間が名前をつけ、作り出したものなのです。

龍と人間は、願いを叶え合うパートナー同士

金龍アーロンは、龍と人間の関係は「道具とそれを使う者」だと私たちに教えてくれました。道具……? と、抵抗を感じるような言葉ですが、こういうことでした。

アーロンの言葉です。

「人が願いを叶えたとき、龍の願いも同時に叶う。
どちらが先でも後でもなく、多くも少なくもない。
我ら龍が望むことと、人が望むことが一致している限り、
龍は人の願いを叶える手伝いをし続けるのだ。」

人が望んだから龍が生み出されたとはいえ、龍には龍の意思があります。どのような道具でも、愛情を持って大切に使い続けるといつまでも一緒にいられれ、邪険《じゃけん》に扱えば壊れるように、愛情を持って対等に龍に接すると、龍は人を手伝おう、願いを叶えようと考え、行動してくれます。

つまり、**龍と人間はお互いの願いを叶え合うパートナーのようなものなのです。**

金龍アーロンに聞いてみました。

「いつもは何をしているのですか?」

「人のことを考えている。」

これはアーロンに限ったことではありません。すべての龍がいつも「どのようにしたら人を幸せに導くことができるか」を考えています。

龍は人のすべてを知っているため、「あなたが今すぐ幸せになる方法」も知っていますが、それを教えることはありません。

なぜなら、**「いま、なぜあなたが人として生きているか」を知っているから**です。

人は、「試行錯誤しながら自分で体験して学ぶ」という課題を持って生まれてきます。ですから、龍が直接人を幸せな状態にはしません。悩み、考え、試行錯誤することを何よりも優先して人に接するのです。

人を幸せに導く存在、それが龍です

さて、龍は何でも知っていて、何でもできる万能な存在なのですが、一体だけしかいないのではなく、それぞれの専門分野を持って複数存在しています。

万能でありながら専門分野というのは、矛盾しているようにも感じますが、それは人間は龍を専門分野に分けることで理解しやすくなるからです。金龍なのか銀龍なのか、どこの土地にいるのか、どのような人と一緒にいるのかなどによって、それぞれの専門分野があります。龍は、それぞれの専門分野において人を幸せに導くことなら何でもします。人の願いを叶えるサポートをしてくれるのです。

身近なところでは、**特定の場所で龍のエネルギーを感じられるようにしたり、雲の形で現れたり、音によってメッセージを伝えたりしてくれることもあります。**

私たち夫婦は、旅行を計画するときに、ガイドブックやインターネットで情報収集したり、その土地に詳しい人が近くにいれば聞いたりするのと同じ感覚で、「旅行を楽しみたいから、旅行先にいる龍にもサポートをお願いしたい」という話をアーロンにすることもあります。地球上のすべての龍が連携していることを利用して、サポートをお願いするのです。すると、

「承知した。向こうの龍にも伝えておこう。」

と答えてくれ、旅行先では事前に連絡をしていた龍が、私たちのサポートをしてくれます。より安心して楽しく旅行ができるように、龍たちは協力してくれるのです。

金龍がいる場所、銀龍がいる場所

すべての龍が、人を幸せに導くことだけを行います。

その土地の龍であっても、川の龍であっても、人のそばにいる龍であったとしても、それぞれの専門分野において力を発揮するための場所にいます。そして、それは、龍の種類と深く関連しています。

龍から見ると、龍の種類は金龍と銀龍の2つであり、それぞれの場所があります。

金龍……動きの少ない「静」の場所

「大地、大岩、山、渓谷」

銀龍……動きのある「動」の場所

「滝、川、海、湖、雨、風、雲」

龍のエネルギーを感じられる場所には、金龍と銀龍のどちらかのエネルギーがあります。

金龍がいる場所としては、アーロンよりも大きな金龍を感じられる富士山、古くから自然と共にいる長老のような金龍が感じられる白神山地があります。鹿児島県の桜島にいる金龍からは、目で見える桜島だけでなく、その地中深くのエネルギーも感じられます。

銀龍がいる場所としては、本書で登場するミタがいる神奈川県の江の島、しなやかでミタより細い姿の銀龍が感じられる青森県の奥入瀬渓流、多くの水源が流れ入るのでたくさんの頭を持つ銀龍が感じられる滋賀県の琵琶湖があります。

もちろん、龍を感じられる場所はここで紹介した限りではありません。龍はどこにでもいます。

環境が整っているところであれば、金龍と銀龍の両方を感じられるところもあり、そのような場所は大地が生き生きとし、海や川の淀《よど》みのない動きを感じられます。物質的にも目に見えて活気があふれている場所です。

実際には龍はエネルギーなので自由に動くことができます。しかし、人と同じように「どこかに行って帰ってくる」という動きをしています。特定の場所にじっと留まることを強制されているわけではありませんが、「人を幸せに導く」という役割を全うするため、人と同じように動くのです。

神社やお寺、大地や山、湖、川などの場所にいる龍の場合は、その土地の人々の生活サイクルに合わせて行動しています。たとえば、明け方と夕暮れにその龍の管轄している地域をぐるりと回るのです。人のそばにいる龍であれば、龍を求めているその人が眠るときに一緒に眠り、その人が起きたら一緒に起きます。

それぞれの龍の専門分野によって、どのように人を幸せに導くかが決まっていて、いつもいる場所も行動の範囲もサイクルも違うのです。

金龍・銀龍と、どうつきあいますか

あなたの近くには必ず龍が存在すると説明しました。それは、金龍と銀龍がいるということです。では、どうすれば金龍と銀龍とつきあえるのでしょうか。

私たち夫婦の例が、わかりやすいかもしれません。

私たちは、龍とつきあうために装置や祭壇、お札や石像、儀式や契約などを使いませんが、実際に龍たちと楽しくつきあえています。人に接するように話しかけて（口には出さずに意識の中だけですが）、頼み事があればその依頼をしてお礼を伝えるだけです。必要なときには会話をして、私たち夫婦の疑問に対してメッセージを受け取ります。

龍だから、目に見えない存在だからといって、特別なことは何もありません。「人と接するようにつきあう」、これが私たちの龍とのつきあい方です。

ただ、龍を感じるための導入としては道具を利用しても良いと考えています。「これがなければ感じられない、つながれない」ということではなく、「これを利用すると、龍を意識しやすくなり、感じやすい、つながりやすい」という目的で道具などを利用するのであれば、有用だと考えています。あくまで入口として、ですから、最終的には道具がなくても龍を感じられることを目指す必要があるとは思いますが……。

金龍と銀龍と人は対等です。命令することもなければ、へりくだることもありません。愛情を持ってお互いを利用し、高め合う関係だと理解して接すれば、龍と親しくなれるので安心してください。

それでは、金龍と銀龍をより深く理解していきましょう。

安定感をもたらす、金龍のエネルギー

金龍は、大地のように大きく動くことのない「静」を象徴し、安定感をもたらします。そして、**人の基礎部分のサポート**をしてくれます。

基礎とは人間としての土台であり、自分だけでなく周りの人にとっても心地の良い状態を作るための習慣や振る舞いです。金龍はそれを**「器」**と表現します。

人は、自分の内側に器を持っています。

その器作りは母親のおなかの中にいるときから始まり、成長して人としての習慣や振る舞いが作られるのと共に大きくなります。この器を大きくするサポートを金龍は

してくれるのです。

人が金龍のエネルギーを取り入れると、大地に根をはるような安定感が生み出されます。

根元を固める役割を持っているので、新しいことを始めるときは、金龍のサポートを受けながら計画すると安定感のある内容になります。もし、その計画に問題があっても土台がしっかりしているため、致命的な問題とならずに軌道修正ができるのです。

金龍はこのように言います。

「常に人のことを見守り、考えている。
我らは、人に多くの期待はしていない。
求められたことに返すという繰り返しを行っているだけだ。
繰り返しの中で、人が自分の器に気づき、
大きくする方法を求めることを望んでいる。」

「この人に会うと安心する」というような、どっしりとした安定感を感じさせる人がいます。地に足がついた、大地のような人です。それはその人が金龍のエネルギーを知らず知らずのうちに受け取っているからです。上手に金龍のエネルギーを受け取っている人は、人間としての器も大きいので、一緒にいると安心できるのです。

私たち人間側が「器を大きくしたい」と望めば、金龍はサポートをしてくれます。望まなければサポートしません。いつでも人の意思を尊重しています。

大地でエネルギーを充電し、サポートする時を待っている

では、金龍は望まれずにサポートをしないときは、何をしているのでしょうか？

「大地と共にあり、大地のエネルギーを受け取っている。

このエネルギーは地球から直に届くもの。

皆にもなじみのあるものだろう。

多くの龍が人を見守り、考えておる。

そして、求められた最善最良の時期に助力する。」


いわゆる「充電」のようなもので、大地に浸透して地球のエネルギーを吸収しつつ、求められるのを待っています。


多くの龍が人々を見守っているので、サポートを求められたときにその開始のタイミングを逃すことはありません。龍同士はつながり合っているので、人が求めれば、あなたをサポートしている金龍の耳にその声が届くシステムができています。

サポートする金龍の数は、求める人次第です。

一体でも複数でも構いません。複数の金龍にサポートを求めれば、複数の金龍があなたのために行動してくれるのです。

銀龍の役割は物事を流すこと

ここからは、銀龍です。

銀龍は**この世界の流れをサポート**しています。世界とは、「それぞれ個人の目が届く範囲外」のことを指します。その人に見えない「人、お金、物の流れ」を、その人の目の前に作り出すことが銀龍の役割です。

お金やパートナー、物などの、現れては消えるような、動きのあるものに対する願いを叶えるためのサポートしているのが銀龍です。

多くの人は「人、お金、物でできた流れ」に興味を持ち、つかもうとします。しかし、それらを手でつかむことはできません。では、私たちはどうやって〝流れ〟をつかめばいいのでしょうか。

それには「器」が必要です。他の誰でもない、自分の器です。自分の器でしか流れを受け止められないのです。

実際に銀龍は流れを人の目の前に生み出しています。しかし、作られた流れが自分の前にあることに気づくかどうかはその人次第であり、気づいたときは器を持って行って、流れを受け取るという行動が必要です。

たとえば、出会いの流れをせっかく銀龍が生み出してくれていても、家の中にとじこもっているだけでは、何も変わりません。出会いの流れを受け止めるのは、自分の行動でしかないからです。

流れと循環を生み出す、銀龍のエネルギー

銀龍のエネルギーは、川の流れのように一か所に留まることのない「動」を象徴します。常に流れ続け、人や物の流れを作り、躍動感を生み出すのです。

銀龍は人が欲しがる流れを生み出しています。喉が渇いた人の前には湧き出る水の流れを生み出し、お金が欲しい人の前にはお金を得るための仕事の流れを生み出し、パートナーが欲しい人の前にはパートナーを見つけるための紹介者や紹介サイトを目

にする流れを生み出します。

そして、人、お金、物だけではなく、空気、大気、水、海、雲、風、物事、景気の循環も生み出しています。人が生きる上で欠かせないものが銀龍によって循環しているのです。

留まっているものを循環させる役割もあるので、生活の中で停滞している状況に直面したときは、銀龍のサポートを受けることによってスムーズに流れを生み出し、循環させることもできます。

ただ、停滞している状況から循環を生み出すため、場合によっては崩壊させて流す場合があります。たとえば、お金を貯め込んで使わずに流れを停滞させていると、思わぬ出費が発生して、お金を使う循環が生み出されることがあるのです。

常に流れ続け、人と共に喜んでくれます

銀龍は、流れる、動くということを止められません。

流れのサポートを人が求めていないときにも、動き続け、様々な循環をサポートしています。

「私たちは流れることを止めません。常に流れ続けます。
流れる範囲（地域）は、銀龍であっても役割によって違いますが、
皆さんを見守るために止まることなく流れ続けているのです。
私たちが流れ続けることで、皆さんがどう気づき、変わっていくかを考えています。
皆さんが自らの意思で行動したとき、
私たちはこの上ない喜びでいっぱいになります。」

銀龍は滝や川、湖、海などにいて、流れながら人々を見続け、人の行動が変化することを楽しみにしているのです。人が自ら行動できたことを一緒に喜び合ってくれる存在です。

銀龍はこのように言います。

「流れを受け止め変化して欲しいと思っています。
しかし、流れの中に何を見出すかは、人次第です。
私たちが期待している以上の変化を生み出す人もいれば、
多くの流れが目の前にあっても、見向きもしない人もいるのです。
私たちはそのような状況においても『もったいない』『残念』とは思わないので、
皆さんは気にしないでください。」

期待とは、ただじっと待つのではありません。行動です。「動」を象徴する銀龍は、人々の行動をサポートして、人が変化を生み出す姿を見ています。期待以上であれば大いに喜び、期待以下であった場合は、すぐに次の流れを用意しようとします。期待以下であったとしても、銀龍の性質上、そこで止まることはないのです。

もし、期待外れな状況になったとしても、銀龍のサポートを受け取ることで、「では、次はどうしようか」と、気持ちの切り替えが早くなります。あなたの周りで、切り替えの上手い人がいたら是非参考にしてみてください。その人は銀龍のエネルギーを取り入れて、サポートを受け取っている人です。

神社に祀られている龍の多くは銀龍

神社に祀《まつ》られている、いわゆる龍神は、その多くが流れや循環を生み出す銀龍です。龍神は自然と結びつけて祀られていることが多いため、自然の流れや循環をサポートする銀龍が祀られているのです。

自然には人にとっての「天災」も含まれます。たとえば、雨が降らなければ作物を育てることができませんが、停滞しているものを崩壊させて循環を促すために豪雨となると、災害にもなります。そのような自然に関連した被害を減らすために、銀龍を祀る神社が多くあります。

加えて、人は「静」を象徴し基礎をサポートする金龍よりも、流れや循環という「動」の銀龍を好む傾向があるので、銀龍を選んで龍神としたということもあります。

琵琶湖の近くの九頭竜大社のような銀龍を祀る神社では、自然や人、お金、物などの流れや循環が目の前にあることに気づく機会を得られます。

どんな姿をあなたに見せてくれるのか

ところで、あなたにとって、龍はいったいどんな姿をしているでしょうか？

昔話に出てくる龍、西洋のドラゴン、様々な神話にある大蛇の姿を想像した人もいるでしょう。

では、龍の色は？　大きさは？　性格は？　口調は？


あなたに見える龍は、実はあなた専用のものです。

龍の姿、口調、性格などを1つに決めることはできません。それぞれの人が見える龍は、それぞれの人が持つ龍のイメージと強く関連しているからです。同じ龍を目の前にしても、そこに見える姿や性格は「その人専用のフィルタ」を通して作り出されるので、違いがでます。

誰もが「自分用のフィルタ」を持っていて、それを手放すことはできません。また、手放す必要もありません。

見えた龍を「これは私の勝手なイメージでしかなく、本当の龍の姿ではない」と考えることも、「本当の龍の形は○○で、色は△△、口調は□□で、性格は◇◇である」と確固たるものを持つのも自由です。それもまた、自分用のフィルタを通した龍の姿です。

ですから、他人のフィルタを通した龍の姿ではなく、ぜひ、あなた専用のフィルタを通した龍の姿を大切にしてください。

さまざまに見える龍の色について

それぞれが「自分用のフィルタ」を通して龍を見ているため、同じ龍を見ても見える色が他人とは違うことはよくあります。また、同じ人が同じ龍を見ても以前とは色が違って見えることもあります。それは、龍の色が、今その人が必要としているエネルギーの色と、その色の龍を見た意味を示すからです。

単色ではなく、たとえば青色の鱗《うろこ》に白いラインが入っているなど、複数の色の龍が見えることがあります。それは、その龍がその人にとって青と白の意味を持ち、それらのエネルギーが必要であることを伝えているからです。7色の龍であれば、7色という多方面の意味を持ち、その人にとって7色のエネルギーが必要であることを伝えています。

どの色にどのような意味があるのかは、「自分用のフィルタ」の中に答えがあります。ヨガや瞑想などをしている人は、チャクラという7色のエネルギーのポイントの、色と役割を知っていると思います。色彩学を学んだ人は、心理的な意味や他の色との組み合わせなどから意味を捉えることができます。

たとえば、青色の龍を見たとしましょう。

チャクラの考え方では、青色は何かを推し進めるエネルギーですので、青色の龍を見た意味としては、「今やりたいことを推し進めてみてください」ということかもしれません。青色のチャクラは喉《のど》の位置にあるので、発信する力、何らかの行動を起こす力を意味するところから、このような解釈をしています。また、色彩学では、「冷静、消極的」という意味に捉えることもできます。

どれが正しいということではなく、自分の知っている考え方で解釈をすれば、それが、龍が伝えたい意味になります。ですから、先ほどの例であれば、チャクラと色彩学を知っている人は、その2つの考え方を取り入れた上で、「心を落ち着かせ冷静に考えて、何かを推し進める」という意味だと捉えることができるのです。

その他にも、青色が好きな人が青い龍を見れば、いま自分のエネルギーは安定していて心地良い状態にあるとも解釈できます。

龍は、その色を見たあなたがどのような意味に捉えるのかをわかっていて、その色をあなたに見せています。

自分が見た色が持つ意味を、自分で見つけることが大切です。それこそが、龍があなたに伝えたいことです。自分が見えた色を大切にしてください。

本書には金色と銀色の龍だけが登場するので、龍の色は人それぞれ違って見えるということと矛盾していると感じる方もいるでしょう。

金龍はこう話してくれました。

「金と銀はこれ以上分解することのできない末端の色なのだ。
この2つの色の龍を知れば、龍がしたいことがわかるだろう。」

龍から見ると、龍の色には金色と銀色の2種類だけが存在します。その他は、人が持つ自分用のフィルタを通して見える色なのです。

人に見える代表的な色は、チャクラの7色（赤、橙、黄、緑、青、紺、紫）と白と黒、そして金と銀があります。フィルタを限りなく透明なものにして龍のエネルギーを純粋に受け止めると、金色と銀色の2色のみが見える状態になります。

どのような色であっても、あなたがいま見える色が重要で、それこそが龍があなたに伝えたいメッセージであることを忘れないでください。

ただ、龍が黒色に見える場合に注意していただきたいことがあります。それは、黒色に見えるには2つのパターンがあるからです。

- 純粋に黒色が見えている
- 自分で龍に影を与えて黒くしている

純粋に黒色が見えている場合は、黒色の龍がいるということです。あなたにとっての黒色の意味があります。

それに対し、自分で龍に影を与えて黒くしている場合は、龍を見ることに何らかの抵抗がある場合に起こります。自分自身で龍が見えないようにするために光を奪った結果、黒色になるのです。このような場合には、龍を見ることへの抵抗を手放すことで少しずつ光が戻り、龍の色が見えるようになります。

自分用のフィルタは、自身の成長と共に変化します。何を考え、自分がどのような選択をして行動するか、自分や周りの人、周りで起きる出来事などをどのように捉えるかなどのすべてが影響します。

多くのことを受け入れて自分に正直になっていくと、そのフィルタによる影響を減らして龍そのものを捉えられるようになり、龍が金色もしくは銀色に見えるようになります。ただし、色とりどりの龍を見ることが楽しい人は、そのようなフィルタを持ち続けるので、龍が必ず金色または銀色になるとは言い切れません。どのようなフィルタを持つのかは、その人の自由です。

本書には、龍が伝えるすべての龍を理解するための情報が載っています。自分が見える色とその意味、つまり、龍があなたに伝えたいことを受けとってください。

第2章

金龍と銀龍のエネルギーが交わったとき、願いが叶う

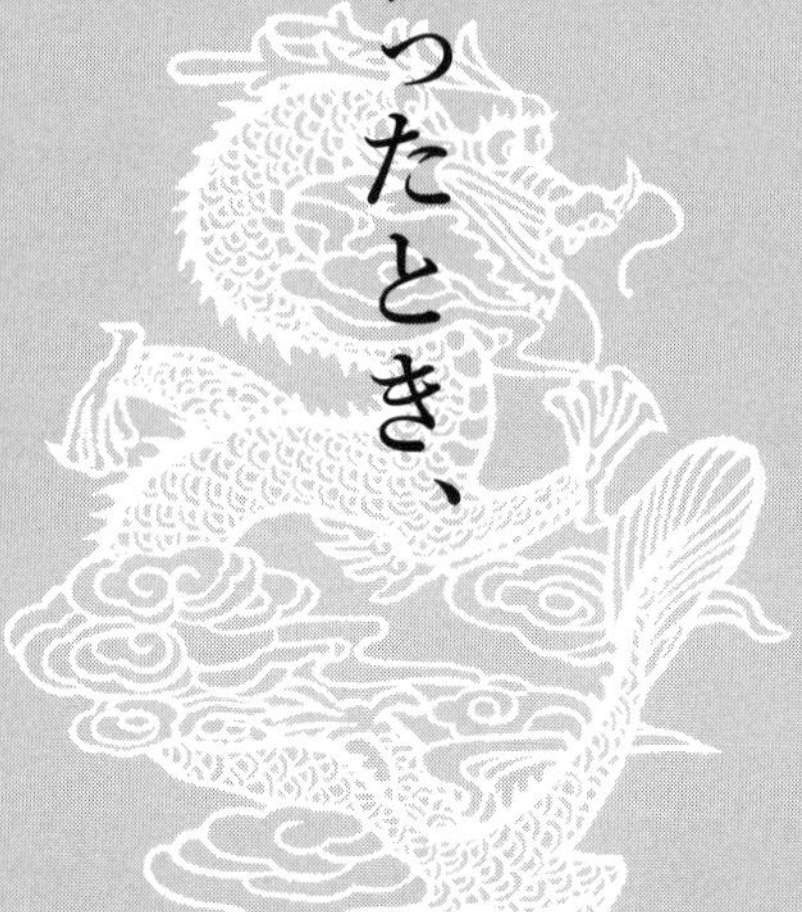

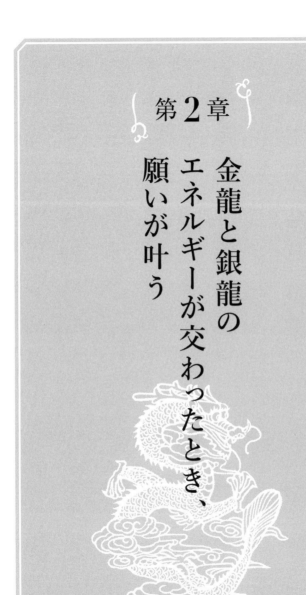

願いが叶いやすい人、叶いにくい人

この世には、残念ながら、願いが叶いやすい人もいれば叶いにくい人もいます。いつも何かとうまくいくときもあれば、何をやっても裏目に出てしまったり逆効果だったりで悲しい思いをするときもあります。

願いが叶いやすく、なにかとうまくいく人は、金龍と銀龍のエネルギーを上手に取り入れています。その秘訣を知らず知らずのうちに、実践しているのです。

金龍と銀龍のエネルギーを取り入れている人を第三者が見ると、「精神的に落ち着いている人」という印象を受けます。

動と静のバランス、人としてのエネルギーのバランスが取れており、感情的にならずに俯瞰《ふかん》しているからです。

そのような人は何か新しい事業を始めようとしたとき、自分に必要だと思ったことに対してすぐに素直に行動できます。過去の成功体験や「無知だと思われる」などとプライドが邪魔をすることはありません。行動していく中で誰かと意見の食い違いが発生しても、感情的にならずに、すぐに次の手立てを考えられ、情熱的でありながら頭は冷静な状態を維持できます。

もし、あなたも願いが叶いやすい人になりたいのなら、金龍と銀龍について知り、龍と共に生きると決めて実践してみてください。

あなたの望みは、なんですか？

ではここから、金龍と銀龍と一緒に願いを叶えられる人になる準備を始めましょう。

はじめに、あなたの今の願いは何ですか？

お金がもっと欲しい。いい転職先を見つけたい。ステキな恋人がほしい。ダイエットをしたい。ビジネスを成功させたい……様々な夢や願いがあると思います。

具体的な願い	○○したい	○○に行きたい	……
根底の願い	理想の自分 ▶ 自分はこのようにありたい		

人の願いには、大きく分けると**「根底の願い」と「具体的な願い」**の2種類があります。

　根底の願いとは、「自分はこのようにありたい、という姿」のことで、理想の自分です。たとえば、「いつも元気な自分でありたい」「心からの笑顔でありたい」「いつも幸せな自分でありたい」などです。

「恋人がほしい」「ヤセたい」などは、理想の自分になるためのパーツとして存在する具体的な願いです。

たいてい具体的な願いを「自分の願い」だと思いがちですが、実は根底にある願いが非常に重要です。**人の願いの出発点は、根底の願いにある**からです。

　具体的な願いは、根底の願いという大地の上に育つ植物のようなもので、一見バラバラに見えても関連性があります。根底の願いに気づくことで具体的な願いの関連性がわかり、どちらの願いも叶いやすくなるのです。

ふと何かの拍子に「恋人がほしい！」と思ったとします。友人ののろけ話を聞いたときや残業続きでヘトヘトになったとき、ひとり家で過ごしているときなど、その願いが生み出されるきっかけは様々ですが、必ずその出発点は自分の根底の願いです。

あなたが友人ののろけ話を聞いて「いいなぁ〜。私も友人と同じように幸せになりたい」とため息まじりにつぶやいたり、心の中で思ったりしたら、その思いは、あなたの奥底にある「幸せになりたい」という本心、つまり根底の願いから生まれたものなのです。

「幸せになりたい」という根底の願いから「恋人がほしい！」という具体的な願いが生まれます。ただ、その具体的な願いがどこから生まれているのか、自分の根底の願いは何なのかを、本人が自覚していないことも多くあります。逆に「幸せになりたい」という根底の願いの出発点から見てみると、その人のたくさんの夢や願いが関連していることに気づくことが簡単にできます。

具体的な願いをすべて叶えられれば、根底の願いを叶えられます。しかし、それを人間として生きている間にすべて叶えることはできないでしょう。

たとえば、恋人ができて、ヤセたら、次は、「恋人と結婚したい」「〇〇で挙式をしたい」「ヤセたから似合うはずの、あの服が欲しい」など、次の具体的な願いが生まれてしまうからです。

これは、欲が深いということではありません。自分がどうなりたいかをよく考えているから、次の具体的な願いが生まれます。

このような人のしくみを、金龍と銀龍はよく理解しています。人間よりも俯瞰して、人間の願いを見ていて、叶えられるようにサポートしているのです。

あなたには、「私はこうありたい」という姿がありますか?

今すぐに思い浮かばなくても問題ありません。誰もが、具体的な願いを叶えて理想の自分に近づいている途中であり、常に変化し続けています。昨日の時点での理想の自分と、現時点での理想の自分は、変わっていても良いのです。今日初めて知った人や物事に深く感銘を受け、理想の自分として考えていた一部が変更になることはよくあります。永遠に変わらない確固たるものだけが理想の自分ではありません。

願いはこうして「叶う」ようになっている

それでは、願いが叶うしくみを見ていきましょう。

人はそれぞれ、「理想の自分になる」という根底の願いの器を一つ、そして具体的な願いを叶えるための願いの器を、願いの数だけ持っています。それらはすべて、その人の「人の器」の中に入っています。人の器が大きいほど、そこに入れられる願いの器の数は多く、願いの器が多く入るということは、人の器が大きい状態にあります。

多くのことに目を向け、よく考える人、様々な人も物も出来事も受け入れられ、人間としての器が大きい人ほど、実は願いの数は誰よりも多くあったりします。それは願いの器を入れる、人の器も大きいからなのです。

「願いが多い人＝よく考える人」と説明しましたが、これに疑問を持つ方もいるかもしれません。知り合いの中には、「本当にこの人はよく考えて話しているのだろうか？」

と疑問に思える人がいるかもしれません。

実は、そのように見える人は「願いをたくさん持っている人と思われたい」という一つの具体的な願いの器を持っている人です。本人は願いを叶えようとしているだけなのですが、他人からは「欲張りさん」に見えてしまいます。たくさんの願いの器を持っているように見せたいだけなので、他人からは「本当によく考えているの?」「本当にそう願っているの?」と思われるのです。

願いを叶えるには、他人に気をとられ過ぎず、自分の願いを見ることが大切です。

あなたの願いが叶えられるように、金龍と銀龍は、行動し続けています。

金龍は「願いの器を作ること」「願いの器を見つめること」「願いそのものを見つめること」をサポートしています。

銀龍は願いを叶えるために必要な人、お金、物の流れをあなたの前に作り出すことをしています。

ですから、金龍と銀龍のエネルギーを受け取ると、その両方のサポートを受けて願いが叶います。願いの器の一つひとつが、人、お金、物などの必要なもので満たされたときに、それぞれの願いが叶うのです。
「器に水を注ぐ」イメージをしてください。

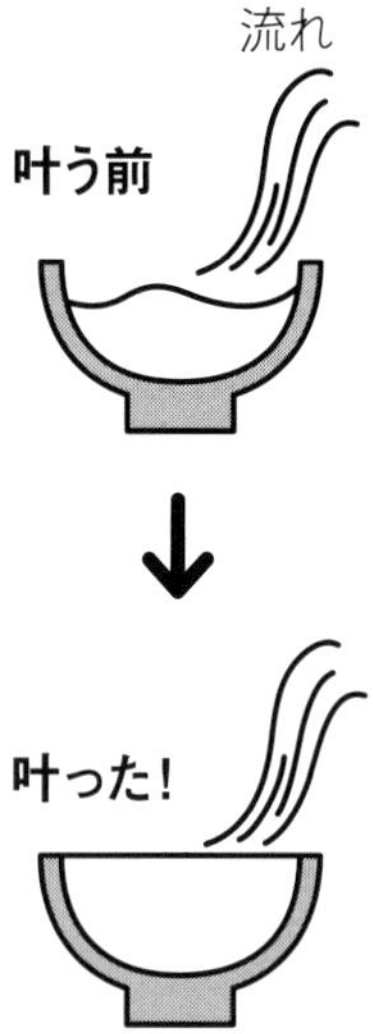

器が流れでいっぱいになったときが、願いが叶った状態です。
金龍と銀龍のエネルギーがあなたを通して交わったときに願いが叶うというのは、こういうことなのです。

ただし、これは金龍と銀龍の力だけで起きるのではありません。願いの器があるのなら、「誰か」が銀龍にサポートされた流れのある場所に器を差し出さなければなりません。それは願いを叶えたいご本人、あなたです。
「金龍にサポートされた器と銀龍にサポートされた流れを意識し、自ら活動する」ということが、「龍のエネルギーを取り入れる」ということです。

運動が長続きせず、今までジムに行っても成果が出なかった人が、ダイエットをしたいという願いを叶えるためには、思い切った行動が必要です。それが「ダイエットをする！」という願いの器を、銀龍にサポートされた流れのある所に持って行くということになります。

友人からプライベートジムの話を偶然、聞いたとします。今までのジム通いと違って予約制なのでサボれないし、トレーナーが自分用のプログラムを組み立ててマンツーマンで見てくれるため、すんなりダイエットできたと話していました。この話を単に他人のダイエット成功談として聞くだけでなく、「そんな話を聞いた今こそがチャンス。思い切って通い始める」というのが、流れを意識して自ら行動するということです。

他にも、「恋人がほしい」という願いの器を持っている人が、たまたま苦手な知人からパーティーに誘われたとします。この「お誘い」が、銀龍にサポートされた流れであることがあるのです。苦手な人だからとすぐに断らずに、これは流れが来ているのだから、「思いきって参加してみる」というのが、流れを受け取る自らの行動です。

今まであなたの範囲外にあった人やお金、物、情報などの流れが、あなたの見える範囲内に流れてきたときは、すかさず受け止めましょう。

金龍と銀龍と共に願いを叶えようとするときに忘れてはいけないこと、それは、龍に願うだけで叶う、置物を買って置いていれば叶う、おまじないをすればそれだけで後は龍が叶えてくれる、というわけではない、ということです。

龍は、あなたがなぜ生まれてきたのか、何を経験するために今も生きているのかを知っています。だからこそ、それを妨げる「叶えてあげる」ということはしません。

龍たちは願いを叶えるための全面的なサポートはしますが、叶える行動ができるのは願いを叶えたい本人です。

願いが叶う4つのステップ

金龍と銀龍のサポートで、願いが叶うまでには、4つのステップがあります。

ステップ① 金龍と共に、願いの器作りをする
ステップ② 金龍と共に、願いが叶っている自分の姿を想像する
ステップ③ 銀龍と共に、行動し変化を感じる
ステップ④ 金龍と共に、願いの見直しをする
↓
金龍と銀龍と共に、願いが叶う

願いが叶うプロセスを理解し、考え、行動することで、金龍と銀龍のサポートを受け取り、願いが叶う体験をすることができるでしょう。
では、次の章からさっそく、金龍と銀龍と共に願いを叶えていきましょう。

第3章

願いを叶えるステップ①

金龍と共に、願いの器作りをする

願いの器を作ってみよう

実はこの本をあなたが読み始めたときから、金龍も銀龍もあなたを見ていました。
気づいていましたか？
金龍が、願いを叶えるサポートのために、あなたのそばに移動してきました。
早速、願いを叶える準備を始めましょう。

「さあ、遠慮せずに、お主がどうなりたいのか、我に聞かせるのだ。」

金龍が、あなたが話すのを、耳を澄ませて待っています。
あなたはどのようにありたいですか？

そのために、あなたがしたいことは何ですか？

「本心で感じたことが大切だ。
その本心で思ったことが、お主の純粋な願いの種となる。
この種が、我が問いかけている『お主はどうなりたいのか？』という問いの答えとなるだろう。」

金龍はあなたの願いを否定しません。「龍に怒られる」とよく聞きますが、人が「龍に怒られたい」と思っていると、吊り上がった目の恐ろしい龍が見え、荒い言葉が聞こえ、「私は怒られている」と感じてしまうだけです。龍自身は怒ってはいません。遠慮なさらず、どんなことでも良いので願いを話してみてください。躊躇《ちゅうちょ》や不安があるなら、それもすべて話してください。そして話し終えたら、ページをめくってください。

「お主の願い、聴き入れた。」

金龍が答えました。

これは、「あなたの願いを聴きましたよ」という金龍の返答です。あなたの願いが叶うことが決まったということではありません。まだ願いを叶えるための出発点にいますが、金龍と行う、あなたの願いの器作りが今、確実にスタートしました。

その器に、石が混じっていませんか？

さて、「願いの器」について、実は見逃せないポイントがあります。

というのも、願いの器の中には、ゴロゴロとした石が入っていることがあるのです。

それは見ようとしないと見えない性質があり、自分を見つめ、自分の願いは何なのかを見直そうとすると、やっと見えるようになります。

この「石」の正体は何だと思いますか？

それは、**「他人の願い」**です。私たちは日々、たくさんの人と接し、関係を持って生きていますから、気づかないうちに他人の願いを叶えようとしていることがあります。

たとえば、朝から「定時退社して家でゆっくり過ごす」と願い、自分の仕事だけで勤務時間をすべて使う状況だったにもかかわらず、同僚の仕事を手伝うことがあります。この場合、自分の願いではなく、同僚の願いである「今日中に打ち合わせの資料をまとめる」という他人の願いを叶えようとしています。もちろん、会社の業務ですから残業をすることで同僚との良好な関係や残業代などの得られるものはありますが、「定時退社」という自分の願いは叶いません。

この状況に慣れてしまうと、「定時退社して家でゆっくりできないのは当たり前」、そして「同僚の手伝いで残業するのが当たり前」、さらには「残業するのが当たり前」と思うようになります。すると、この「当たり前」以外を考えつくことが難しくなります。これが他人の石が自分の願いの器に入った状態です。

この「石」が、あなたの願いの器に入ってしまっていると、いま願っていることが本心からの自分の願いなのか他人の願いなのか、わからなくなってしまうのです。そして、石が入っていると、あなたの願いを叶えるための流れを十分には受け取れなくもなってしまいます。

すると、なかなか願いが叶わないため、そのうち、「自分の願いは叶わないもの」と思うようになるので、要注意です。

他人の願いは、どこまでいっても他人の願いです。あなたが叶えられるものではありません。叶うようにあなたが協力することはあっても、叶えるのはその人自身なのです。

あなたの**「願いの器」は、自分の本心からの願いだけでできた純粋な「願いの器」でなくてはいけません。**

つまり、「願いの器」はあなたの本心からの願いであること、そして、他人の願い（石）が入っていない、純粋な願いであること、が「叶うための願いの器」の条件なのです。

自分がよくわからないときは…

ところで、先ほどはすんなり金龍に願いを話せましたか？

それとも、迷いや戸惑《とまど》いがあって金龍に話せなかったでしょうか。

願いを伝える中で、「本心で感じるって何？」「どうなりたいかが、わからない」などと感じた方は、願いを叶えるための第一歩として「自分自身の今の状態について考えること」を始めましょう。誰にも何にも遠慮せず、ただ真摯《しんし》に自分を見ます。

これは、願いを叶えるために必要なプロセスです。本心からの願いをはっきり自覚して願いの器を作り、願いの器に入っている「願いを叶えるのに余計なもの」を取り除くことができるからです。

ですが、自分のことを知る、ということを瞬間的に嫌だと感じたり、不安を覚える人もいるものです。それは自分を嫌いだからなのかもしれません。

金龍が語り掛けています。

「自分を嫌うことは、いとも簡単にできる。
自分の本心に従わないことをするだけだからだ。
普段からお主が行っていることだから、簡単に感じるだろう。
それならば、ここではあえて本心に従ってみてはどうだろうか。
最初は違和感を覚えるが、慣れればこの上ない自由な感覚を味わうだろう。」

金龍は、深い愛情を持って、あなたの心の中の深いところを見て話しています。ですから、安心してください。思い切って自分の本心に従い、願いを見てみましょう。
「願いを叶えたい」という自分自身の本心に従って行動するときです。金龍は否定せずにあなたを受けとめます。

金龍の言葉

金龍の言葉　「嫌い」からではなく、「好き」から自分を見つめよ

あなたは「好きなものに囲まれたいですか？」
それとも「嫌いなものに囲まれたいですか？」

一番初めに感じた気持ちで答えてください。それが本心です。

「『好き』は自分に良いことをもたらさない」という非常に強い考えがない限り、誰でも「好きなもの」を選択すると思います。

「好き」は瞬間的にわかります。好きなこと、好きなもの、好きな人などの「好き」という感覚は、ワクワクと心が躍《おど》るので一瞬でわかるのです。

そして、それは自分の今の状態を知る材料にもなります。

あなたはいま、どれだけの「好き」に囲まれていますか？

これが、あなたが今どれだけ自分も好きかという指標になります。「好き」という感覚を利用して自分を知れば、願いを生み出すスピードが上がり、願いが叶うまでの期間も短くなります。「本心での好き」を大切にしましょう。

金龍の言葉　過去のお主からの印を探せ

過去のあなたがくれたものから、願いを見つめることもできます。それが「印《しるし》」です。

金龍がこのように説明してくれました。

「印とは、お主にしかわからない、過去と今のお主をつなぐもの。
たとえるなら、自分への贈り物である。
初めて手に入れた給料で購入した腕時計、日記、大切に集めているもの、
過去のお主の写真や音声。

過去のお主は今のお主に向けたものとは意識してはいないだろうが、それが今のお主にとって、過去の自分とつながるための印となる。」

印をきっかけに、その頃あなたが感じたことが思い出として再生されます。そこに、今のあなたが本心の願いに気づくきっかけが用意されています。

過去のあなたが初めて手にした給料で購入した腕時計は、自分へのお祝いという本心で購入したもの、日記は日々の本心を綴ったもの、大切に集めたものは「集めたい」という本心から行動したものです。写真や音声に残っている過去のあなたは、そのときの感情をそのまま残しているので、本心が見つかりやすい過去からの印なのです。

あなたは過去に何をしていましたか？

過去の印を探し出すことによって、今のあなたが本心で願うべきものが見えてきます。

しかし、自分の過去を見ることに抵抗がある方もいます。そのような方に、金龍が伝えたいことがあるそうです。

それは過去の自分自身への感謝です。

金龍の言葉　過去のお主がいて、今のお主がいる

過去のあなたが命をつないできてくれたことによって、今のあなたがこの地球に存在しています。

過去のあなたが階段から足を滑らせて命を落としていたら、今のあなたはいません。

過去のあなたが健康に気を使っていたから、今のあなたが健康でいられます。

過去のあなたが大きな失敗をしてくれたから、今のあなたは大きな失敗をせずにいます。

過去に成功と感じたことも、失敗と感じたことも、その体験のすべてによって、今のあなたがあります。今は、過去の体験を一括《くく》りにしたあなたがいるだけです。

「過去を振り返ることを、恐れる必要はない。
そのときに必要なことが起こっただけのこと。
もし、その中で『恐ろしい』と感じることがあるなら、
それがまた繰り返されることがないように願えばいいのだ。
そのようにお主は願っている。
今のお主に、過去のような『恐ろしい』体験が起きていないことがその証拠となる。」

過去の失敗は過去で決着しています。今に引きずる必要はありません。その失敗をした後に、「もう、こういうことは起こさない」と本心から自然に願ったことだけがあります。そして、それを叶えるように行動した結果、「恐ろしい」という体験が繰り返されない今にいるのです。

過去のあなたが行ってきたことはとても多く、今のあなたが一番感謝しなくてはならないのは、過去のあなたです。「過去の自分は、単に生きていただけだ」と、今のあなたが思えるのも、過去のあなたが「単に生きた」おかげで言えることなのです。

金龍の言葉　自分の成長を感じるのだ

過去のあなたからの、今のあなたへの一番の贈り物は、過去の自分を比較対象にできるということです。

人は日頃から比較をしています。

こちらの方が多い・少ない、あちらの方が早い・遅いなどと比べます。比較が良くないというわけではありませんが、人は公平ではない比較を繰り返しているということだけは知っていてください。

たとえば、収入です。自分より10倍多く収入を得ている人がいたとします。お財布に入っているお金の量も、着ている服も、乗っている車も、自分よりも高価なものです。そのような人と比較をして、「自分は劣っている、負けている」という感覚を持つことがありますが、その人は労働時間が自分の10倍以上かもしれませんし、びっくりするほどの責任を負っているかもしれません。休日が思うようにとれず、家族とすれ違いの生活を送っているかもしれません。

あなたとその他の誰かは、公平に比較することができないのです。

「自分は優れている、勝っている、劣っている、負けている」という感覚は、願いの器に穴を開ける要因になります。穴が開いた器では、器が流れを受け止めていっぱいになったとしても「叶った」という充足感を味わうことが困難です。自分の願いが叶ったかどうかがわからないという、なんとも残念な状態になってしまいます。

では、公平に比較できる相手はいるのでしょうか？

それは自分自身だけです。条件が同じである唯一の存在は、自分自身です。

「過去のあなた」と「今のあなた」の比較は、自身の成長を教えてくれます。

20歳で右も左もわからなかった自分と、50歳の酸いも甘いも経験した、知識も豊富な自分を比較すると、明らかに成長していることがわかると思います。

一部分ではなく全体を見て自身の成長を感じることで、人としての器が大きくなり、「本心で、自分はこれから何がしたいのか？」と願いを見つめるきっかけが得られるのです。

金龍の言葉　変えようと思う心と仕方がないと思う心の両方を見よ

金龍が伝えている「変えようと思う心」は、自分の本心からの願いを見つけるための光となります。

しかし、もう一方では「私はこうだからしかたない、変わるわけもない、願いも叶わない」と思う心もあるものです。「仕方がないと思う心」は諦めること、先送りすることを意味しています。「変えようとする心」の反対の作用を持つのですが、金龍は、

「時には、この心も必要である。」

と、言います。

無我夢中で「変わろう！」「変えよう！」と行動することは悪いことではありません。ただ、とにかく変化を起こそうと自分に鞭《むち》を打って、必死に行動すると、多くの場合、心身ともに疲れます。自分にしろ環境にしろ、人間関係にしろ、「変わる」というのは、その変化が大きいほど、新しい世界に慣れる力が必要です。ですが、変わるだけで精

一杯で、慣れる力が残っていないということもよくあるのです。

燃え尽き、くたびれ果ててしまわないために、「仕方がないと思う心」を持って諦めたり、先送りしたりすることも大切です。たとえ諦めても、先送りしても、「もう一度やってみよう、変えてみよう」と明日思うかもしれません。少し時間が経った1年後に思うかもしれませんし、もしかしたら一生思わないかもしれません。

人の心は色々な面を持っているので、一つのことに固執したり、何もかも許せないと思ったり、すべてを許せる感覚が芽生えたりと、心の状態が移り変わります。これからどうするかを考え、出た答えはその時々で違って良いのです。心の状態が変化することは、人が何かに気づくために必要なことであり、良くないことではありません。どのような答えでも、それが自分の本心からの答えであれば、その選択が間違いではないとわかるはずです。

本心に従うのであれば、無理をせず、「変えられるものは変え、変えられないものは諦める、先送りにする」と意識してください。より一層、今の状態を本心から見つめることができます。

願いの器の完成

この章の初めに、あなたは金龍に願いを話しました。
その後、金龍の言葉を読んで何か変化はありましたか？
あなたのそばにいる金龍がもう一度あなたに語り掛けます。

「お主の願いは何だ?
お主の本来の声をもって我に語るのだ。」

今あなたが金龍に伝えたことは、この章を通して金龍と共に作り出した、あなたの本心からの願いです。

具体的な願いだけが作り出された人もいるでしょう。

根底の願いだけが作り出された人もいるでしょう。

両方作り出された人もいるでしょう。

具体的な願いが複数作り出された人もいるでしょう。いくつあっても構いません。


それでは、それぞれの願いの器を作りましょう。イメージで行います。

願い一つに対し、一つの器を作ってください。そして、器に何の願いを叶える器なのかを文字で書いてください。この作業の間も、金龍はあなたを見守っています。

＊

これであなたの願いの器が完成しました。

もし不安な場合は、一度器の中を確認してみてください。石は入っていないはずです。金龍と共に自分の内側を見つめて生まれた、本心からの願いと願いの器なので、石は入っていないのです。

コラム

人の器と願いの器について

人の器と願いの器の関係は、「人の器の中にたくさんの願いの器がある」という関係です。

人の器が小さいうちは、その中に作り出される願いの器を増やすことができません。生まれたときから、人はある程度の大きさの人の器を持っていますが、まだまだ小さいものです。肉体の成長と共に様々な経験をして人の器は大きくなっていきます。

人の器が小さく願いの器が少ない状態は、自分の願いを一方的に伝えて叶えようとする赤ちゃんの状態です。

叶えたい本人以外の人（親など）が、叶うようにすべてを行う必要があります。

しかし、成長して大人になってからも同じような状態になることがあります。自分の願いを叶えようと固執したときです。赤ちゃんのときのように誰かが叶えてくれることは困難なので、願いが叶いづらくなるのです。

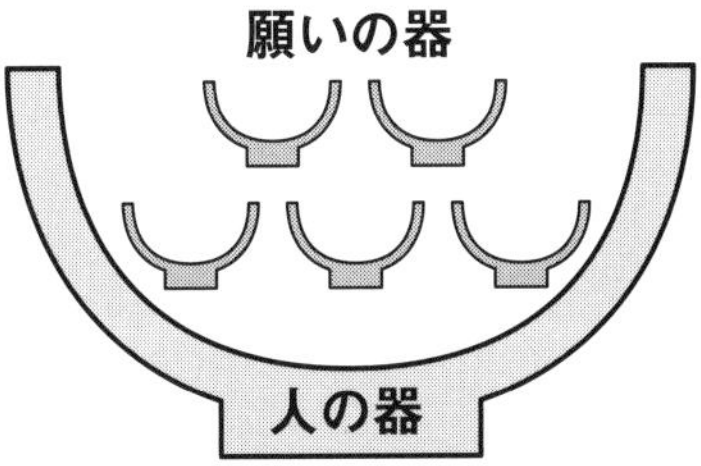

人の器は、その人の習慣や振る舞いから成る人間性や、人間としての器と表現しても過言ではありません。人の器は、「そうか」や「なるほど」と、腑《ふ》に落ちたときに大きくなります。それを「気づき」と呼び、自分自身で何かに気づいたときに器が大きくなるのです。

他人からの情報を鵜呑みにした「そうか」ではなく、その情報を自分の中で「どうしてこのような情報を私は得たのだろう？」や「私にとってどのような意味があるのだろうか？」と自分で考えた結果、「気づき」が起こるのです。

気づきは、自分で行動したことによって起こることもあれば、他人と共に活動したり、他人から情報を得たりすることで起こることもあります。そのタイミングは人それぞれです。他人と比べて「気づくのが遅かった」と思ったり、「また同じことを繰り返した自分は進歩していない」と思ったりすることがありますが、それはそう思うタイミングだったということです。気づきによって器は着々と大きくなっているので、安心してください。

人の器が大きくなってくると、たくさんの願いの器が作られるようになります。すると、一つの願いに固執するのではなく、たくさんの願いの器をうまく利用しながら願いを叶えられるようになります。複数の願いをどんどん叶えられるようになり、生きることがさらに楽しくなります。

第4章

願いを叶えるステップ②

金龍と共に、願いが叶っている自分の姿を想像する

願いが叶っている自分の姿をイメージする

では次に、ステップ①で作った願いの器を使って、願いが叶っている自分の姿をイメージしていきます。

願いの器を一つずつ丁寧に取り出してください。複数ある方は、そのすべてを取り出して、目の前に並べてください。

願いの器を一つひとつ取り出して並べるとき、その願いが叶っている自分の姿が自然に見えたでしょう。それが、「想像した、願いが叶っている自分の姿」です。

想像＝創造

という式が、この世界では成り立ちます。想像できれば、実現できるのです。

金龍は、願いが叶っている姿を想像しやすくするために、銀龍のエネルギーを利用して目の前にすでにその願いを叶えた人が現れるようにしたり、そのような状態を疑似体験させるようにしたりします。

たとえば、「英語で会話できるようになりたい」と願っていると、英会話をしている人が目の前に現れて、「私が英語を話せるようになったら、こんな感じかな？」と自然に想像することができるということです。時には、通訳を介して会話し意思疎通を図ったりするなど、疑似的な英会話の機会が作られたりします。

根底の願いの器、具体的な願いの器

願いの器作りですでに根底の願いの器を作った場合は、具体的な願いの器と分けて置き、すべての器を見直す機会にしてください。

今あるのが具体的な願いの器だけの方は、今から根底の願いを見つけます。

根底の願いを見つけることは、「自分はこのようにありたいという姿」を見つけることであり、この一工程を行うことで具体的な願いも叶いやすくなります。

具体的な願いだけでは、一つひとつの願いがバラバラなのでその関連性が見えず、たくさんの願いを叶えるということが困難ですが、**「根底にある願いが叶っている自分」を自覚することで、たくさんの具体的な願いが叶えられます。**

先ほど自然に現れた「それぞれの願いが叶った自分の姿」を分析してみましょう。すべての具体的な願いに共通する部分を探すことで、根底の願いが見えてきます。

願いがどんどん叶いやすくなる「根底の願い」の見つけ方

例として、「仕事で成功したい」「収入がたくさん欲しい」「パートナーが欲しい」という3つの具体的な願いの器が目の前にあるとします。

「仕事で成功したい」の想像

「念願のプロジェクトが始動して大成功し、笑顔の自分」

なぜ笑顔なのか？↓「やりたい仕事ができて幸せだ。」

「収入がたくさん欲しい」の想像

「旅行にもたくさん行けたし、マイホームを購入した、満足そうな自分」
なぜ満足なのか？↓「欲しかったものが手に入って幸せだ。」

「パートナーが欲しい」の想像

「ついに理想のパートナーに出会えて一緒に過ごすようになり、幸せそうな顔の自分」
なぜ幸せそうなのか？↓「二人の時間を過ごせて幸せだ。」

共通するのは「幸せだ」の部分です。「仕事でもプライベートでも幸せを感じていたい」という願いが根底にあることがわかります。ここから導き出される「自分はこのようにありたいという姿」は、「幸せを常に感じていたい」となります。

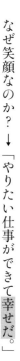

早速イメージで器を作り、その表面に願いの内容を文字で書きましょう。そして器を手に持ち、どのようなイメージがあなたの中に広がるのかを見てください。

これが、あなたがこれから想像する「根底の願いが叶っている自分の姿」です。

ただ、この自分の姿を想像するのが、思いのほか難しいことがあります。なぜなら、ついつい誰かを見て羨《うらや》ましく感じたり、自分にないものに目がいってしまったりするからです。

金龍の言葉

金龍の言葉　よそ見をして、他人を羨む必要はない

「よそ見をするのは構わない。

周りを知るのも、お主の願いが叶う姿を想像するための情報となるからだ。

ただ、多くのものを見て自分の中に取り入れていく過程で、

他人と比較して『羨ましい』と感じる必要はない。なぜなら、その他人の状態をお主の姿とし、願いとすれば、いずれ叶い、その他人の状態になるからだ。」

自分の理想としたい「他人の状態」が現れたら、それを否定せず、評価もせず、そのままにしてください。「羨ましい」と感じるタイミングはなくて良いのです。

この話を書いているとき、金龍の願いが伝わってきました。

「羨ましいと思う時間があるなら、羨ましいと思った相手を観察するのだ。」

もし、「羨ましい」と感じることがあったら、相手を注意深く観察してみましょう。未来の自分の姿がそこに見えてくるはずです。未来の自分の姿は、今の自分の願いが叶っている状態であり、想像が見事に「創造」された、その先に待っている姿です。

私たち夫婦も、夢や想像の中ではなく、たくさんの「未来の自分」に出会っています。「伝えることを役割とした人としての、心構えや自分との向き合い方はこうありたい」と思った人も目の前に現れましたし、「老後はこのように、夫婦支え合って生きたい」と願うきっかけになったご夫婦にも出会いました。細かいところでは、もっと多くの「自分もこのようにありたい」と願うきっかけになった人々がいます。

多くの、実際にいる人を参考にして、あなたの理想の姿を想像してみてください。

金龍の言葉　今を全力で生き、楽しむのだ

誰でも「初めは大変」です。

たとえば、入学したての頃、就職したての頃、転勤や転職で職場が変わったとき、初めて挑戦するプロジェクトを動かすとき、初めての子育てや介護……すべてに力が入って、体調を崩すことがあります。しかし、それは体調を崩すサインがわかるようになる機会なのです。サインに気づくと、自然に休息を取ったり、余分な力を抜くために適所を探すことができます。

「全力は、あらゆることに力を込めることとは少し違う。

全力とは『適所に力を込めること』。

そして、初めは必ずあらゆることに力が入るということも心得ておくのだ。

何より力が必要なのは最初である。

お主がどこに力を込めるべきかがわかったとき、適所に力を込めること、つまり、全力で取り組むことができる。」


同じように、初めて自分の願いが叶った姿を想像する場合、力が入ってしまうことは自然なことです。

心配ありません。続けていくことで、徐々に適所に力を込めた全力になります。サインに気づいて適所に力が注げるようになったときに初めて余裕が生まれ、楽しめるようになります。楽しいからこそ、自分の理想の姿を描き続けられます。

もし、いま余裕を感じられるとしたら、それは「適所に力を込めること」が自然にできているのでしょう。そのような方は「楽しむこと」をさらに意識してみてください。それが、金龍の言っている「今を全力で生きて、楽しむ」の実践です。

金龍の言葉　今を楽しまなければ、過去と未来の自分に失礼である

龍にとって、過去、現在、未来は同時に存在します。過去と現在と未来の区別がないとも言え、「今この瞬間」しかありません。

しかし、これを人が理解しようとすると難しくなるので、慣れ親しんでいる考え方、過去と現在と未来が一直線上にあると考えてみましょう。すると、時間のすべてが関わり合っているということがわかります。

過去の自分が、手に入れたキャンディーをポケットにしまいます。すると、今のあなたがポケットに手を入れたとき、キャンディーが入っています。今、ちょうどおなかが空いていたあなたは、中身を食べて包装紙だけを再びポケットにしまいます。すると、未来のあなたのポケットには、中身がない包装紙だけが入っています。

過去から現在へキャンディーが、そして、現在から未来へは包装紙だけが引き継がれました。キャンディーはあなたの知らないところで増殖してポケットをいっぱいにしたり、ポケットから消失したりすることはありません。現在も過去も未来もすべてが関わり合っているのです。

ここで、あなたにお聞きしたいことがあります。

「楽しいことはお好きですか？」

本書をお読みになっている方は、皆さん「好きです」という答えになったでしょう。


それでは、過去から未来までのあなたを見ていきましょう。


過去のあなたは、今のあなたのために楽しみを引き継ごうとしています。過去のあなたが「楽しくない」という状況にあっても、今のあなたが「楽しい」と思える状況を、試行錯誤して用意しています。過去のあなたが悲しくて泣いていても、泣き止んだのはそのためです。どうしても今のあなたに「楽しいと感じてほしい」と、過去のあなたは思っています。

今のあなたは、過去のあなたの思いやりの上に立っています。どの地点の過去のあなたも、今のあなたに命をつなげて「楽しさ」を感じてほしくて、その時間を生きました。だからこそ、いま、この時を楽しまないと過去のあなたに失礼なのです。

未来のあなたも、今のあなたと同じように楽しいことが好きです。そのため、今のあなたは、未来にいるあなたに「楽しい」と感じてもらえるように、過去のあなたに倣《なら》いながら試行錯誤して楽しい状況の用意をするのです。そうしなければ、これから楽しいことが起こるとワクワクしている未来のあなたを失望させてしまいます。

過去でも現在でも、その時々で人は未来の楽しみのために動いています。ですから、どうぞ「今を楽しく過ごす」ということを心掛けてください。それが、未来のあなたまで楽しく過ごす方法です。

金龍の言葉　「我らと一緒にいる」と思えば、我らの力はお主のもの

金龍と共に願いを叶えようとしているときに、気をつけていただきたいことがあります。それは、「金龍のサポートを受け取れない」と悲観することです。

悲観は、「楽しむ」という感情を弱めます。本章の目的である「願いが叶っている自分の姿」を想像する力も弱めるということです。

金龍は「一緒にいると意識してほしい」と願っています。

龍と人はお互いの願いを叶えるためのサポートをする関係です。四六時中「金龍さん一緒にいてください！」と力を入れなくても大丈夫です。ふと自分の願いを思い出したときや、理想の姿を想像しているとき、金龍を思い出したとき、金龍にサポートしてほしいと思ったときなどに「金龍は一緒にいる」と思ってください。

金龍の「一緒にいると意識してほしい」という願いを聞き入れてみましょう。

金龍の言葉　困ることがあるなら、見えない存在の言葉に耳を傾けよ

「自分の器を意識するために必要なことは何でもしてほしい」と金龍は願っています。もし、あなたが金龍以外にサポートを求めている存在がいるのなら、その存在にもサポートを求めて気づきのきっかけを受け取ってみましょう。

たとえば、器に関することは金龍のサポート範囲ですが、「銀龍のサポートのほうが良いかもしれない」と思う場合は、銀龍の言葉を願いが叶っている自分の姿を考えるためのきっかけとして利用しても構いません。あなたが他の色の龍を感じ、その龍

の言葉が良いと思うのなら、その言葉を利用しても良いのです。本書には登場しない目に見えない存在たちの言葉を参考にしても構いません。

私たち夫婦は、様々な目に見えない存在とつながってその言葉を聞くチャネラーという役割をしているため、金龍と銀龍だけでなく他の多くの存在たちからも言葉を聞くことができます。深く探究したい物事に直面したときは、それぞれの言葉を聞き、自分達で考えて答えを見つけています。願いが叶っている姿の想像が金龍のサポート範囲だからといって、他の存在から言葉を聞いてはいけないということはありません。そのような制限を作るのは人間です。金龍も銀龍もその他の存在たちも、「幅広く多くの言葉を聞いてほしい」と願っています。

いつ、どのくらいの頻度で想像するか

今、根底の願いの器も具体的な願いの器も目の前にある状態になりました。器を確

認して、願いが叶っている姿を想像することは、いつでもできるようになっています。

では、その「幸せを常に感じていたい」という根底の願いが叶った自分の姿を、いつ、どれぐらいの頻度で想像すればいいのでしょうか。

毎日でしょうか。週に一回でもいいのでしょうか。そして、それはいつ？　寝る前や食事前？　いちばん効果的なのはいつなのか、どのくらいの頻度なのか……よく聞かれる質問です。

それは……決まっていません。自由に自分で決めて良いのです。

人々が願うタイミングは時代背景、住んでいる場所、宗教観によって違います。お正月にだけ願う人もいれば、毎日決まった時間に願う人もいます。自分に合った願い方をしてください。重要なのは、自分はいつ想像したらいいのかを、自分で考えて行動することです。

タイミングとして利用できるものは、その人の日常にあります。

ひとつは、食事のタイミングです。たいていの人は毎日必ず食事をとるので、自分の願いを叶える想像をしやすいタイミングだと言えます。他にも、朝起きたときや夜寝る前、1週間の始まりを意識できる休日明けの出勤時・通学時などもいいでしょう。

自分で行ってみて「気持ちがいい」と感じるタイミングが、その人にとってのベストなタイミングです。それを利用して自分のありたい姿を意識し続けましょう。

ただ、無理はしないでください。無理は、「本心に従わない」という状態につながります。

どこまで詳細に想像するか

疑問は尽きないと思います。

「どこまで詳細に想像すればいいのだろうか?」

「どこまで」に関係している願いは、具体的な願いです。

「幸せを常に感じていたい」という根底の願いの上に「マイホームが欲しい」という具体的な願いがある場合、「マイホームが欲しい」という願いの中には、さらに詳細な願いが入っています。
「2階建て」「書斎」「大きな本棚」「駐車場つき」「対面型キッチン」「駅の近く」「幼稚園と小学校が近く」など……細かくあるものです。とりあえず、詳細な願いもすべて叶えるものとして「願い」の中に、一度入れてみてください。そして、自分の姿を想像してみてください。

何か窮屈に感じませんか？

これには理由があります。詳細な願いの中には、「これは必要」という願いと「あったら嬉しいけれど、なくても良い」という願いがあるからです。

人は、このグループ分けをせずに、それぞれの願いの重要度は同じだとする傾向があります。そのため、重要度の違う願いがいっしょくたになって、あなたを縛り付けるから窮屈に感じてしまうのです。

昨日は「いらない」と考えていたものが、今日改めて考えると「やっぱりいる」に変わることはよくあります。反対に、昨日は「いる」と思ったものでも、今日は「やっぱりいらない」と思うこともあります。

詳細な願いは、書き出して、ことあるごとに見直してください。そして、「必要」と「なくてもいいかな」という気持ちがコロコロ変わるのを感じてください。感じ続けていると、「いつも必要」と感じる詳細な願いが見えてきます。その願いだけを具体的な願いに加えます。すると、見直さずにすべての詳細な願いを入れて自分の願いを想像してみたときと違い、窮屈に感じなくなります。これが、「自分はこうありたいという姿」に必要となる詳細な願いなのです。

ただ、具体的な願いには「いつも必要」なものだけを入れるという方法も、人によっては「詳細な内容を少ししか入れていないから願いが叶わない」と考えるきっかけになることがあります。そう感じてしまう場合は、本心で感じた詳細な願いを盛り込んで、「詳細な願いが入っているから叶う」と考えてみましょう。

また、「より詳細にすればするほど願いが叶う」と感じる方は、詳細な願いをたくさん盛り込んだ願いを用意したほうが良いと思います。

願いの叶え方は強制されるものではありません。本書では、金龍と銀龍がおすすめする願いの叶え方をお伝えしているだけです。自分が信じる方法で叶えてください。

第5章

願いを叶えるステップ③

銀龍と共に、行動し変化を感じる

願いの器を流れで満たそう

ステップ③では、いよいよ銀龍の登場です。

金龍と共に作った願いの器を「流れ」で満たすこと、これが銀龍のサポートです。「あの人、いま波に乗っているな」、「流れが来ているな」と思ったことはありませんか？

銀龍がサポートする流れは、この流れなのです。

なぜかチャンスをつかむのが上手な人がいますが、そのような人は、「いま、自分は流れのあるほうに向かって行っている」と特別に意識することなく、当たり前のように願いの器を持っていく行動をしています。だから、自然と流れが器に入ってくるため、「流れに向かう」のではなく、「流れが来た」と感じるわけです。

「流れが来た」と話す人に出会ったら、その人が自然に行っていることを見てみましょう。そこに、その人の願いを叶える秘訣があります。

何もしなくても自動的に願いの器に流れが入ってくる、ということはありません。ただジーッと流れが来るのを待っているのではなく、あなたが**願いの器を持ち、流れのあるほうに「向かっていく」という行動が必要**です。

想定外の「人、お金、物の流れ」がやってくる

銀龍の役割は、個人の目が届く範囲外の人、お金、物の流れを、個人の目が届く範囲内に収めることです。

「海外に出て働きたい」という具体的な願いの場合、本やインターネットで調べ始めたら、海外事情に詳しい人の講演会の情報が目の前に現れたり、世界情勢に詳しい人と出会うチャンスが来たりします。銀龍は、目の届く範囲外にあった人や物を、範囲内に連れてきてくれるのです。

「人、お金、物」は、「自分を含めたすべて」で、世界のすべてとも言えます。

そして、どのような「人、お金、物」があなたの願いの器を満たす流れとなるかは、変化します。

たとえば、「ダイエットをしたい」という具体的な願いを自己流の食事制限だけで叶えようと実践していたとします。願いの器を満たす流れは、「食事」だけだと考えているパターンです。しかし、あるとき「ダイエットにお金をかけてもよい」と思ったとしたら、お金も器を満たす流れになるのです。

受け入れられる「人、お金、物」が幅広ければ、それだけ器を満たしやすくなります。しかしながら、決して無理をする必要はありません。願いを叶えるために、清水の舞台から飛び降りる必要はないのです。

銀龍のサポートによって起こる予期せぬこと

では、銀龍のサポートによって個人の目が届かないところにあった流れが、届く範囲に現れたとき、その人にはどのようなことが起こるでしょうか？

「予期せぬ出来事」に遭遇します。

「自分にとって良い・悪い」ということではなく、単純にその人が予想していなかったことが起こるということです。

叶えようと行動していたものではない願いが叶うこともあります。銀龍のサポートを受け取っているならば、よくあることです。サポートが「思いもよらぬところ」から来るため、どの願いを叶えるためのサポートが入ったのかが、初めはわからないこともあります。

私たち夫婦が沖縄旅行をしたときのことです。

気に入っているホテルに数日滞在の予約をしてとても楽しみにしていたのですが、チェックイン時に、ダブルブッキングがあったので、最終夜を他のホテルに移動してもらえないかという依頼を受けました。移動先のホテルについての情報を聞き、私たちにとっては何の問題もないのでお引き受けしました。すると両方のホテル滞在中の、すべての夕食を無料にしていただけました。

私たちの当初の目的は、予約したホテルを満喫することでした。これが、叶えようとしていた具体的な願いです。それに対し、別のホテルへの移動という、予期せぬことが起きました。これを拒否することはできますが、私たちはいつも流れに乗る選択をするようにしています。そしてその結果は、移動先のホテルは実は一度滞在してみたかったホテルで、予約手続きをすることもなく、追加料金もなく、食事代が無料になるということでした。

全く予想していなかった流れを受け取り、当初叶えようとしていた具体的な願いに加え、他の一度滞在してみたかったホテルに滞在するという願いも、楽しく美味しい夕食をとるという願いまでもが叶いました。

流れを受け取るためには、いつも視野を広くして心に余裕を持つことが大切です。そのために無理をする必要はありませんが、視野が狭い状態ではサポートと感じずに、これは自分にはいらないものだと決めつけ、自分で願いを叶えづらくしてしまうことが多いのです。

特定の願いを叶えることに固執するのではなく、視野を広げて願いを叶えるための行動をすることが必要です。

◈予期せぬ人の流れ

人の流れに関する予期せぬ出来事は、「思いもよらぬところから声が掛かり、願いが叶うきっかけを得る」ということです。

たとえば、新幹線で隣に座った人が自分の願いを叶えるために一緒に活動する人だったり、あなたの願いが叶った状態の人だったりします。そのときは、ただ何となく、「今日はいい天気ですね。どこまで行かれるのですか？」という他愛もない会話をしただけなのに、話をしていたらそれが自分の願いを叶えるきっかけになるということがあります。

銀龍のサポートによる「思わぬ縁」や「運命的な出会い」は、このような形で始まります。

◆予期せぬお金の流れ

お金の流れも、人の流れと同じように「思いもよらぬところ」から来ます。全く予測していなかった形で、予測していなかったお金が得られるということです。

あるとき、ふと宝くじを見つけて、「あれ、いつ買ったのだろう？」と思いながら当選番号を確認したら、当たっている……。これが、銀龍のサポートによる宝くじの当て方です。宝くじを買った本人も買ったことすら忘れている状態、それが「思いもよらぬところ」からお金が入ってくる状態なのです。

宝くじを買ったことを意識し続けていると、「思いもよらぬところ」にはなりません。銀龍の役割は、個人の目が届かないところにあった流れを、届く範囲に現すことなので、自分が買った宝くじによる収入も「思いもよらぬところ」から来なければならないからです。

過去のデータを基にした統計学によってある程度予測ができる場合もあるので、すべての宝くじが「意識していたら当たらない」というわけではありませんが、その場合の当選は、銀龍のサポートではなく当たったということになります。

この他にも、お金についての「思いもよらぬところ」は、遺産、忘れていた定期預金の満期、保険金などがあります。これ以外の収入の形でも、「その人にとって思いもよらぬところ」であれば銀龍のサポート範囲に入ります。

◈予期せぬ物の流れ

銀龍のサポートにより、予期せぬ物の流れも受け止めることができます。物とは、食べ物、衣服、家、植物や雑貨などの物質的な物だけではなく、情報などの目に見えない物も含まれます。もちろん龍などのエネルギーも、目に見えない物に含まれます。

物を気にして生活している人は、比較的少ないので、「思いもよらぬところ」の範囲が広く、受け取りやすい流れです。

部屋に観葉植物が欲しくていろいろな店を探し回ったけれども、「理想の観葉植物」

が見つからないことがあったとしましょう。このときは、観葉植物のことばかりを考えているため、「思いもよらぬところ」の範囲に入りません。しかし、時間の経過と共に観葉植物のことばかり考える状態は薄れていきます。これで、「思いもよらぬところ」の条件が満たされていきます。

このような状態になると、ある日「思いもよらぬところ」は、やってきます。

一例をあげるならば、友人の引っ越しを手伝いに行って、そこで友人が処分しようと思っていた観葉植物が無料でポンと手に入るのです。純粋に「観葉植物その物が欲しい」と思ったとき、予期せぬものの流れを体感することになります。

物について忘れやすい人は、思いもよらぬところの範囲が広いので、物の願いが叶いやすい一方で、叶ったことを忘れやすい傾向もあります。物の流れを受け止めて願いが叶った経験があっても、その経験自体を忘れていることがよくあるのです。

過去の叶ったことを無理に思い出す必要はありませんが、「叶った！」という体験は、次の願いを叶えやすくするので、物に関する願いが叶ったときは覚えておきましょう。

「○月○日　○○が叶った」とスケジュール帳などに記録をしておくと、願いを叶えること自体に自信が持てるようになり、未来のあなたの願いを早く叶えることができます。

極端な捉え方は動きを鈍くする

人はポジティブもネガティブも極端に捉える癖があります。

「○○の状態になれば、必ず勝てる」

「○○がなければ、もうおしまい」

このような「必ず」「絶対」「おしまい」「無理」などの、1か0で物事を捉えてしまうと、願いを叶えるための行動を取りにくくなります。

「ウサギとカメ」というお話があります。足の速いウサギと足の遅いカメが競争をして、カメがゴール手前で居眠りをしているウサギを追い越して勝利するお話です。

ウサギは「ここまで来れば、必ず勝てる」と考え、当初の目的である「勝利する」

ための行動をやめて、途中で居眠りをしました。それに対してカメは極端な物事の捉え方をせず、足の速いウサギを前にしても「ウサギには絶対に勝てない」とは思わずに行動をとり続けました。その結果ゴールすることができ、さらに油断して居眠りしたウサギを追い越して1着にもなりました。

あなたが想像した「願いが叶った自分の姿」の中に、極端な解釈をしている部分はありませんか？

とても立派な願いがあなたの中に出来上がっていても、

「お金がないからできない」

「時間がないからできない」

「才能がないからできない」

「ない」という極端な解釈をして、行動しないことがあるかもしれません。銀龍が言う「行動が鈍い」という状態です。

でも、それは本当にできないことでしょうか？

あくまで一例ですが、「お金がない」なら、「必要な資金を作る」ための何かはできませんか？　もしくは「資金をあまり必要とせずに」願いを叶えられるような行動はありませんか？　時間も才能も、「それならば、どうしようか」と、考え行動できる何かがあるはずです。

銀龍の言葉

銀龍の言葉　自ら行動し、試しましょう

「願うことで、必要なことが、すべてではありませんが見えてきます。
その見えたことに対して、自ら行動して欲しいのです。
『願いの器を流れに持っていく』という意識でなくても、
これが必要かもしれない、あれが必要かもしれない、
と考えを巡《めぐ》らせて『試す』という行動をしましょう。」

銀龍の言う「試す」は、人に聞いてみる、違う角度から見てみる、違う物に交換してみる……というようなことだけでなく、精神的な側面も含まれています。精神的な側面に目を向けると、自分の願いに関するキーワードが目に留まったり、聞こえたりするようになります。その情報を受け入れることも「試す」ということです。

「沖縄へ旅行に行きたい」という具体的な願いを持った人がいたとします。旅行代理店に行ったり、ガイドブックを読んだり、スケジュールの調整や旅費の計算などの、叶えるための行動をします。その中では、「この日程で予算がいくらで、観光はどこに行って……」というシミュレーション、つまり「試す」ことを繰り返し行います。

このような行動をしていると、精神的な側面の試しが起こります。その人の前に「沖縄ブーム」が起こるのです。規模はその時々で違いますが、通勤途中に何気なく見た電車の車内広告に「沖縄」の文字を見たり、他人の会話の中に「沖縄」という言葉が含まれていたり、最近沖縄に行ってきた人に出会ったりと、個人規模なブームから沖縄フェアや沖縄旅行キャンペーンなどという大規模なイベントまで様々なことが起こるようになります。

これを「ただの偶然」と捉えるのではなく、なぜこのタイミングで目に留まったのか、今の自分に何を気づかせようとしているのかを考えることが重要です。銀龍が願いを聞き入れ、多くの「沖縄」という流れを目の前に提供してくれています。積極的に受け取りましょう。

銀龍の言葉　すべての行動が、願いを叶えるためでなくていいのです

銀龍は「思いもよらぬところ」を使ったサポートをするので、目の前に急に流れが現れます。そのきっかけが「忘れる」であるということは先に説明した通りです。

しかし、一方で金龍と共に作った願いの器は、自らの行動によって器を満たす流れのあるところに持っていく必要があります。

「人、お金、物の流れを忘れながら、その流れのあるところに器を持っていく」ことが、願いを叶えるために求められているのです。忘れながら行動するということは、できるのでしょうか？

銀龍はこのように言います。

「あなたのその行動が、その願いを叶えるものだ、と思う必要はないのです。」

特定の行動、またはすべての行動を、願いを叶えることに結びつける必要はありません。「この行動によって、必ず願いが叶う」と決めつけなくて良いのです。

銀龍が送る変化の印

願いを叶えようと目的地に向かっているとき、どのくらいまで進んだのだろうと疑問に思うことがあるかもしれません。ワクワクしながら進んでいたとしても、変化を感じないと人は疲れてしまうからです。

銀龍は、人に変化を感じるためのきっかけを用意しています。

「自分がどこまで来たのか」の答えとなる、今の位置がわかるような情報が、ちょうど良いタイミングで日常の中でパッと目についたり、誰かから言葉として声をかけられたりします。助けになってくれる人や出来事が現れて、叶えるための道をしっかり進んでいることを気づかせてくれることもあります。これが、銀龍の変化を感じるためのサポートです。

行動　意識して、流れのあると思う場所に願いの器を持っていく
↓
変化　周囲の変化・自分の変化を感じる
↓
感想　願いが叶った。もしくは、叶っていない

自分の行動によって起きている変化に敏感になるだけで、「叶った。もしくは、叶っていない」という情報を得られます。

心を鎮めて、変化を感じてみましょう。「こんなことが変化なのか？」と思うような、繊細に感じられる変化が起こっているかもしれません。

何か行動を起こした後に変化を感じようとしていたら、遠くから車のクラクションが「プー」と聞こえたり、風がフワーッと自分の身体を撫でていったり、雲の切れ間

から日が差し込んできたりすることもあります。
銀龍は、水や風の流れと循環を作っている存在ということを忘れないでください。
銀龍はいつもあなたを見ています。

銀龍の言葉

さらに、

> 銀龍の言葉　変化に気づく機会が増えれば、たくさんの願いが叶うでしょう

「変化に気づくと流れは加速します」

と銀龍が話しています。流れが速くなると、願いの器に流れ入る速度も速くなり、願いが早く叶うようになります。

<table>
<tr><td rowspan="2">具体的な願い</td><td colspan="2">朝起きる</td><td>夜寝る</td></tr>
<tr><td>朝食を食べる</td><td>昼食を食べる</td><td>夕食を食べる</td></tr>
<tr><td>根底の願い</td><td colspan="3">幸せでありたい</td></tr>
</table>

「何を変化と捉えるかによって、あなたの元に流れるものの速度は変わります。
変化を1日1回しか感じられないと思うより、1日に10回感じるほうが流れを速く感じられるのです。」

「幸せでありたい」という根底の願いがあったとします。

Aさんは幸せと感じるものが「朝、目が覚める」だとすると、1日に1回幸せを感じることができます。

Bさんは幸せと感じるものが「寝るときと起きるとき」だとすると、1日に2回幸せを感じることができます。

Cさんは「寝るときと起きるとき」と「食事をしているとき」だとすると、Cさんは1日に3回食事をした場合、1日に5回幸せを感じることができます。

Aさん、Bさん、Cさんの3人を見たとき、「幸せという変化」を感じる回数の多いCさんが一番幸せなように見えます。これは、Cさんが根底の願いの上にある具体的な願いをより多く持ち、積極的に行動をしているからです。

この例は、普段の生活で誰もがやっている「願い」とは言えないようなものばかりと思うかもしれません。しかし、仕事や家事で忙しいときは、いつもできることではありません。徹夜続きで「寝たいときに寝られない」ということもありますし、仕事に追われて昼食が満足に食べられないときもあります。健康を害して、食事が喉を通らないこともあります。

そのようなときに、少しでも食事を楽しもうとしたり、眠りの工夫をしたりして、幸せと感じる機会を増やす行動ができると、銀龍からの流れのサポートが来ます。朝の清々しさを一層感じたり、食事がいつもより美味しく感じたりして「幸せである自分」をさらに感じるようになるのです。

そして、「願いが叶っている自分」へとどんどん変化していると気づいたときに、さらに多くの幸せを感じられるようになります。

それまで感じなかった「仕事をする」や「家族と過ごす」からも幸せを感じられるようになります。

このように、叶っている状態に向けた変化を感じる回数が増えれば、目の前に流れる物事の速度が増していき、さらに多くの変化に気づいて楽しく早く願いが叶えられます。

銀龍の言葉　変化の内容より願いを見ましょう

自分や自分の周りへの変化に注目していると、そればかりが気になってしまう人もいます。本末転倒な事態なのですが、実はこの傾向を持つ人が多いのです。

「結婚して幸せに暮らしたい」という願いを叶えようと行動していて、「パートナーと別れた」という事態になったとき、その「別れ」という変化や「結婚できない」ということばかりに注目して、次の行動をとらなくなることがあります。悲観して願いを叶えるための行動をとらなくなるということです。

銀龍はこのように言います。

「目の前にはたくさんの流れがありますから、たくさんの変化が起こります。

『あなたの願った内容は何ですか？』

この言葉が再びあなたの願いに目線を戻すきっかけとなります。

目の前に起こったことが、あなたの願いの一部であることに気づいてください。」


結婚して幸せに暮らしたいのですか？

結婚がしたいのですか？

願いを意識して行動していれば、次から次へと変化が起こり、願いを見失う機会も増えます。自分自身と向き合って、願いの器の再確認が必要です。


「あなたの本心からの願いは何ですか？」

金龍と銀龍のサポートを受けて、願いの器と流れを受け取るしくみを再確認できれば、より一層、願いが叶うための変化が起きていることに気がつくでしょう。

パートナーと一緒に願いを叶える

私たち夫婦は、約20年一緒に過ごしています。その間、Ｔｏｍｏｋａｔｓｕが16年間勤めていた会社を退職したり、収入がゼロになったりしたこともありますが、大きなケンカはありません。意見が対立しても、２、３時間もすれば元に戻り、長く続かないのです。Ｔｏｍｏｋａｔｓｕの退職後、龍をはじめとした目に見えない存在と人とをつなぐ活動を２人で始めてからは、ほぼ毎日、24時間のほとんどを仲良く一緒に過ごしています。

実はここにも金龍と銀龍のエネルギーが関係していると、我が家にいる金龍の「アーロン」が話しています。

「紫瑛《しのえ》は金龍、Ｔｏｍｏｋａｔｓｕは銀龍の加護が強い。お主たちは２人でいることで金龍と銀龍の力が交わり、バランスを取っているのだ。」

「加護」という言葉は少し仰々しく聞こえるかもしれませんが、「サポート」という意味で、エネルギーを受け取っているということです。

私たち夫婦の場合、一方が金龍のエネルギーが強く、もう一方が銀龍のエネルギーが強いため、金龍と銀龍のエネルギーをバランスよく合わせることができてます。

夫婦がそれぞれ独立せず一緒に生きることは、2人のエネルギーを1つにすることです。もちろん、「自分が金龍のエネルギーが強いから」「相手が銀龍のエネルギーが強いから」などという理由で一緒にいるわけではありませんが、結果的に金龍・銀龍のエネルギーバランスが整い、願いが叶う関係にあります。

このような関係は、誰でも築くことができます。交際中の方たち、ご夫婦となっている方たちだけでなく、**親友というペアや家族、プロジェクトチームなどの集団であっても、各人の金龍と銀龍のエネルギーを合わせて、全体のエネルギーバランスを整え、願いが叶う状態を創り出すことができます。**

ただ、アーロンの話には続きがあるのです。

「複数の人間が集まり願いを叶えるためには、同じ方向を向かなければならない。それはつまり、願いが同じであるということだ。たとえるなら、根元にある願いを共有して二本に分かれて伸びていく『夫婦杉』のようなものだが、それだけでは願いを共有しただけで、叶えるところまでには至らない。互いに支え合うことが必要だ。

夫婦杉は二本に分かれて伸びていくとそれぞれに葉を茂らせる。二本が重なり合う内側の葉は互いに少なく、外側は大きく成長する。これが互いに支え合う状態なのだ。」

◈パートナーと願いを叶えるポイント① 願いを共有する

夫婦であっても、それぞれの「自分のありたい姿」が違うと夫婦杉のようにはなりません。同じ願いになっていないと、それぞれが独立した一本の杉になり、互いの金龍と銀龍のエネルギーが交わることはないのです。

私たち夫婦が願いを共有する方法は、「話し合い」です。

とても単純なことだと感じるかもしれませんが、それ以外に答えは見つかりません。他愛もない出来事の話から、今後の人生設計まで何でも包み隠さず話をします。相手が何をどう考え、どうしたいのかを理解し合い、自然に向かう方向が合うからこそ、2人で願いを叶えられるのです。

「なぜ、そんなに仲が良いのですか?」と、私たちはよく質問されますが、「何でも話し合うからです」とお答えしています。いつでも全力で話し合い、願いを共有し、お互いに向かう方向が合っていれば、金龍と銀龍のエネルギーが交わり、願いを叶える状態が出来上がるのです。

◆パートナーと願いを叶えるポイント②　互いに支え合う

パートナーと互いに支え合うのは当然だと考える方もいるかもしれませんが、毎日、妥協せずに互いを理解し、尊重し、自分の得意なことに注力する関係を創り続けることが大切です。

夫婦杉になっている二本の杉の葉は、内側に少なく外側に多くなっています。それぞれが自分の外に向かって得意なことを伸び伸びと表現して生きる姿です。互いの得意なことは全力で受け入れ合い、不得意なことは共有して分担するか、任せることができる関係が、互いに支え合うということです。

この夫婦杉のような関係を維持し続けると、２人の願いを叶えられるのです。

コラム

それが流れであると気づくことが大切です

「山あり谷あり」「良いときもあれば悪いときもある」と感じるような出来事が起こったとしても、一喜一憂したり、他人を羨んだりする必要はないと、銀龍は話します。どのような状況も、それを遠くから俯瞰してみると、単なる「流れ」だからです。

「自分に必要なことを知り、学び、実践する」という流れを、人は毎日のように体験しています。

自然の流れと循環は成長していくために必要なので、その成長を阻害するように留めたとしても、その留めるということは破壊されます。成長するための強い流れや循環が起こるということです。

なぜそれが起きたのか、何を自分に気づかせるためにそのことが起きたのかを深く考える必要があります。そして、二度と起きてほしくないのであれば、二度と同じような被害が起きないように備えることが重要です。

第6章

願いを叶えるステップ④

金龍と共に、願いの見直しをする

「願いが叶うこと」に不安がある方へ

願いが叶う直前になると、無意識のうちに心配する人も多くいます。

銀龍が語りかけています。


「何も心配はいりません。皆さんの願いは尽きることなく、湧き出てきます。

それも、湧き出れば出るほどに、純度が増していきます。

純粋な願いとなり、叶いやすくなっていくということです。

もし、『願いが尽きる』という心配をしてしまうのなら、『願いが叶い続けている』という皆さんにとって非現実と感じている方の心配をしてください。

そちらの方が皆さんにとって現実的で、私たち龍の望む皆さんの姿です。」

願いが叶う不安は、実は「死」への恐怖につながっています。「やった！　もう願うことは何もない」と本心から思った瞬間、肉体は活動を止めて死を迎えるので、不安に感じるのです。

いま、「まだ死ねない」「死んだら悔いが残る」という感覚がある人は、まだまだ願いが自分の中にあるということです。生きている限り、願いはなくなりません。

非常にお伝えしにくいのですが、もし、願いを叶えることも何もかも十分ならば、地球で学ぶ必要がなくなってしまうので天に召されます。地球で亡くなる人は皆、今生の目的を果たして「十分」になって魂の帰る場所に戻るのです。いま地球で生きているということは、何か学ぶ必要があるということです。

あなたの本心に聞けば願いは出てきます。

叶えることを怖がらずに、願いが叶う楽しさを積極的に体感しましょう。

叶う速度を遅くしてしまう「十分」思考

「私は自分の願いを十分にわかっている」

「私は流れを受け止めるための行動を十分にしている」

「私は自らの行動による変化も十分に感じている」

このように考えている方へ、金龍と銀龍からのメッセージがあります。


金龍が語り掛けています。


「自分の意識に蓋をする必要はない。

自分の能力に制限を設ける必要もない。

自分自身の『不十分』なところを見つけよ。

そこに今の自分自身を変えるための願いがある。」

銀龍も語り掛けています。

「『十分』という意識は、流れを留めようとする意識です。
もし、豊かになりたいと感じているなら、
十分ということも流れと共に手放してみてください。」

「十分」という意識は、一見するととても素晴らしい状態にも見えますが、龍たちは「願いを叶える速度を遅くするもの」と捉えています。
「十分できているはずなのに、なぜか願いが叶わない」と思ったり、自分は十分という自負があるため自分自身を見つめようとせず、叶わない原因のすべてを自分の外側に求めたりしてしまうからです。「○○のせいで、私の願いが叶わないのだ」と。
試しに「自分の中に原因がないだろうか？」と自分を見つめてみてください。

「地球にいるお主は、我ら龍と同じように限界はないのだ。」

「見直し」は妥協ではなく、純度を上げること

金龍と銀龍のサポートを受けて行動しても「私の願いは叶っていない」と感じることもあります。そのときは、どうしたらいいのでしょうか。

「願いの見直し」という微調整を金龍と共に行います。これは、願いの器をもう一度見直すことであり、妥協ではありません。

妥協は、自分の願いを無理に変形させて、「当初の願いからかけ離れた、願いではない何か」を叶えることで、叶っていないという状況を打開するだけの行為です。

それに対し、願いの見直しは、「私の願いとは何だろう?」と自問し、金龍のサポートを得ながら、願いそのものを本心の願いにさらに近づくようにすることです。**願いの純度を上げる**と言い換えることもできます。

自然の世界では願いの見直しを我慢しません。

人工物を飲み込んだ樹木を見たことがありますか？

「まっすぐ成長する」という願いに対して、木がその願いを諦めて枯れるという選択をしないのは願いの見直しをしているからです。「まっすぐ成長する」という願いを「成長する」に変更し、迂回をして人工物を受け入れながら成長します。

人の願いも、まっすぐ進めないと感じたときに迂回するのは自然なことです。願いの見直しを我慢するということは、純度の低い願いを持ち続けるということで、願いが叶いにくい状態を作ることになります。そして、願いを妥協することは「願ってもいない何か」を叶えることです。「願いが叶わない」と感じたタイミングを利用して、純度の高い願いに見直しをしましょう。

金龍が問いかけています。

「お主の本心の願いは何だ？」

願いが叶っていないと感じる理由

人が「願いが叶っていない」と感じるのには、2つのパターンがあります。

パターン1　自分の願いに遠慮をしている

「私にはこのくらいしかできない」と考える癖によって、自らの願いの器を小さく感じ、流れに器を持っていく行動を遠慮するパターンです。行動ができないというよりも行動しない状態です。つまり、「願いが叶わない」というより、「叶えない」という状態にあります。

このような場合は、「今の自分が、どれだけの願いを叶えているのか？」と自問してみましょう。私たちは普段の何気ない行動によって、ささいなことかもしれませんが、たくさんの願いを叶えているものです。それを自覚するだけで、この状況から抜け出せます。本来の自分の器の大きさを把握できるようになるので、遠慮を一つでも手放して行動すると、叶えたい願いもあっさりと叶います。

パターン2　「不純な願い」を叶えようとしている

不純な願いは、悪いものではありません。
金龍がこのように説明しています。

「純粋な願いは、叶うことが約束された願いのこと、
不純な願いは、叶うために見直しが必要な願いのことを指す。
不純な願いを見直せば、純粋な願いに近づく。」

「不純な願い」とは、願う必要のないものが含まれている状態のことです。良いものでも悪いものでもなく、不純物を含んでいるという単なる状態です。たくさんの不純物が含まれていると、「叶った！」という状態が生み出されないため、積極的に不純物は取り除くことが必要です。不純物を取り除くだけで純粋な願いになります。

不純物は取り除いてください

それでは「叶わなかったと思っている願い」の中にある不純物を見つけ、見直しをしましょう。

「理想の体形になる」という例で説明します。

不純物は、これまで希望する体形になるために条件としていたものの中に入っています。「理想の体形になる」という具体的な願いの中の「詳細な願い」にあるということです。

今までは、このような詳細な願いを付けて願っていました。

・体重を5キロ落としたい
・2か月で理想の体形になりたい
・運動はしない
・食事は制限したい

・食事制限をしても余分な出費を抑えたい

これらの詳細な願いによって「願いが叶わなかった」と感じたので、見直しをします。

「詳細な願い」とは、第4章で説明した通り「これは必要」と「あったら嬉しいけれど、なくても良い」という2つのグループに分かれているので、その「あったら嬉しいけれど、なくても良い」という不純な部分を見つけて取り除きます。

「体重を5キロ落としたい」という願いはどうでしょうか？

この願いは「理想の体形になる」という具体的な願いの根幹なので、「これは必要」のグループに入るため見直しはしません。では、他の詳細な願いはどうかと見ていくと「運動はしない」というところに目が留まりました。

「私のできる範囲なら運動してもいいかな……」

何気なくこのように思った場合は、「あったら嬉しいけれど、なくても良い」というグループに入るので見直しをしましょう。自分の出来る範囲を考えて見直しをします。その結果、「お風呂上がりに10分ストレッチ」としました。

このように詳細な願いの1つずつを見直します。「理想の体形になる」という具体的な願いを叶えられるように、不純物を取り除いて願いを叶える行動をするだけです。すると、ある時期から理想の体形に近づいている感じがし始め、さらに見直しを進めると、最後は「願いが叶った！」となります。

この例は非常に単純な見直しです。実際はもっと多様性に富んでいるので、「理想の体形になる」という願いを叶えるための方法はいくつもあります。

願いの叶い方は、銀龍のサポートによって「思いもよらぬところ」からのアプローチがあるので、変化を確認する際は「どこかで願いが叶っているかもしれない」というワクワクする気持ちを抱きながら行うと良いでしょう。友人のダイエットのおつきあいをしていたら一緒にヤセたり、キャンペーン価格でパーソナルトレーニングを受けられたり、もしかしたら夏バテで食が細くなってヤセたりなどということもあるかもしれません。

見直しをして、自分の行動の選択肢を広げることが、願いが叶う秘訣です。

見直しは、本心の願いに近づくために行うもの

先ほどの例を読んで、

「これでは、本心から願うことから離れてしまうのではないだろうか?」

と感じる方もいるかもしれません。

それは、自分の願いに自信があるからこそ生まれる考えで、願いを叶えるために大切なものですが、もうひとつ別の視点で願いを見てみましょう。いつでも、どんな状態でも見直しは必要で、それをし続けることが願いを叶えるための秘訣です。

「これは必要」と「あったら嬉しいけれど、なくても良い」のグループ分けは、本心で感じる必要があります。そうしなければ、純粋な願いには近づきません。

本心は、あなたの中にあるものです。その声はあなたしか聞けませんし、その願いを叶えられるのもあなただけです。

他にもたとえば、物件さがしをしているときに本心がどうしても「家賃7万円以下」と言ったら、その条件は守らなければなりません。もし、どれだけ行動してもその地域には「家賃7万円以下」の物件がないとしても、本心の条件は守り続けます。

そうすると、何が起こるでしょうか?

銀龍のサポートによって「思わぬところ」から「家賃7万円以下」の物件が見つかります。

見直しは、諦めることではありません

また、見直しは諦めることとは違います。

・「見直し」は願いの純度を高める
・「諦める」は願うことを止める

あなたの願いを叶えたいと思っている金龍の願いは、「願いの見直し」です。それは、あなたの願いを叶えられるからです。

人によっては、「諦める」ことを潔いことだと感じるかもしれませんが、それは願うこと自体を止めるということです。

「その願いは、諦められる願いか？」

と金龍が聞いています。

本心から「諦める」を選択するのであれば、それが今のあなたの選択です。自分の本心で選択したことに間違いは一つもありません。もし次の願いがあるならば、それを叶えるために行動を始められます。

「諦める」と「見直す」の違いを明確にして、見直すことは、願いを叶えるために必要なプロセスの一部だと捉えてください。

「願いが叶う」を永続的に！

金龍と銀龍のエネルギーを取り入れて自分で動き、願いが叶った人は、「なるほど、こうやって願いは叶うのか」と、実感できます。願いが叶う体験を繰り返すと、自信がついて、さらに次から次へと願いを叶えることを楽しんでいくようになります。

今後あなたがそうなっていくために、願いが叶った後のことを銀龍が話しています。

「叶うと喜びを感じます。

私たち龍も同じように喜んでいます。

喜びという感情はあなたの活力となり、次の願いを生み出し、再び叶えるための行動力となるのです。

喜びを継続しましょう。

それが願いとなってもかまいません。

新たなあなたの願いの横に、喜びを継続するという願いを添えてください。」

願いが叶うという状態は、願いの器に流れを受け止めて、いっぱいになった瞬間です。「叶った！」という喜びを味わったとき、その器は役割を終えます。

願いが叶ったという喜びの継続には、次のステップに移る必要があります。これからも願いを次々と生み出して叶えていくということです。

それにはまず、叶った願いの器を手放して、新たな願いを見つけましょう。そして金龍と共に器を用意して、銀龍から流れを受け止めるのです。

次の願いが生まれるとき、1つだけではなく、複数が同時に生まれることもあります。本心で生きると、人としての器が大きく成長し、願いの器もたくさん生み出され、さらには願いが純粋なものになっていきます。願いがスムーズに叶うようになり、そのような自分になっていることにも気づきます。願いを叶える自分を信用できるようになり、また次の願いを生み出して叶えていきます。

金龍と銀龍が、いつでもあなたのサポートをします。たくさんの願いを叶えて、楽しく生きていきましょう。

コラム

願いを叶えるのが上手な人が実践している方法

願いを叶え続けている人が行っている方法があります。それは、具体的な願いより、「このようにありたい」という根底の願いに重心を置いた叶え方です。

根底の願いに重心がある人は、根底の願いを叶えたいと願います。そしてその瞬間に、具体的な願いが湧き上がります。たとえば、「幸せを常に感じていたい」という根底の願いを叶えたいと思った瞬間に、『仕事で成功したい』『収入がたくさん欲しい』『パートナーが欲しい』と具体的な願いが思い浮かびます。

「仕事で成功して、収入が増えて、パートナーができたら私は常に幸せだ」という、具体的な願いに重心がある考え方ではありません。順番が違うのです。

根底の願いに重心を置いて願いを叶える方法で重要なのは、本心から行うことです。「なんとなく」や「世間ではこういうのが良いとされている」「こういう人は羨ましがられる」「この方法のほうが、願いが叶いやすいから」ということではありません。本心から自分の願いは何かと考えたときに浮かんできたのが、根底の願いです。

金龍も銀龍も愛を持って温かくあなたの本心を見ています。

願いが叶いやすい人になる、金龍・銀龍のエネルギーの取り入れ方

龍のエネルギーとその大きさを私たちに強く印象付けた出来事があります。

それは、夕方、西表島の隣にある小浜島でヨガをしているときに、空に入りきらない大きさで銀龍が現れたことです。目を閉じてヨガに集中していたのですが、何となく目を開けたら、龍の鱗の一つひとつが雲として現れ、空を埋め尽くしていました。銀龍が今まさに空を渡っているところで、その横幅が空の端から端まであり、体長はわかりませんでした。

夕方に同じように空を見ることは何度もありましたが、いつも以上に幸せを感じながらヨガをしていたこの日だけ、わかりやすい形で現れました。この出来事は、銀龍の意図通りに私たちに強い印象を与え、生き方を変える大きなきっかけのひとつになりました。

龍を感じてください

心を落ち着けて金龍と銀龍を思うことで、そのエネルギーを感じることができます。龍に目の前に来てもらうと、より龍を感じやすくなるので、感じたい龍に「私の目の前に来てください」とお願いをし、心を冷静にしてください。波立ってない水面のような、静かな状態にします。日常生活で使っていない「何か」の感覚を鋭くするイメージで行うと良いでしょう。目を閉じ、心を冷静にし、自分の目の前にあるものを感じてみてください。

では早速、実践してみましょう。

あなたの目の前に来た龍は、どのような感じがしますか？

あなたが感じた龍は丸いでしょうか、角張った感じがするでしょうか。それとも、優しい、鋭い、重い、軽い、大きい、小さいなどの感じがするでしょうか。何かしら

の色や光が見えたりもするかもしれません。

龍を感じるために重要なことは、心をとても落ち着いた状態にすることと、感じたことを自分で否定しないことです。

龍は写真や絵から感じることもできます。そしてもちろん、本書から感じることもできます。金龍「アーロン」、銀龍「ミタ」、その他にも世界中の龍が本書の制作に協力してくれているので、心を落ち着けて本書を持ち、龍を感じてみてください。

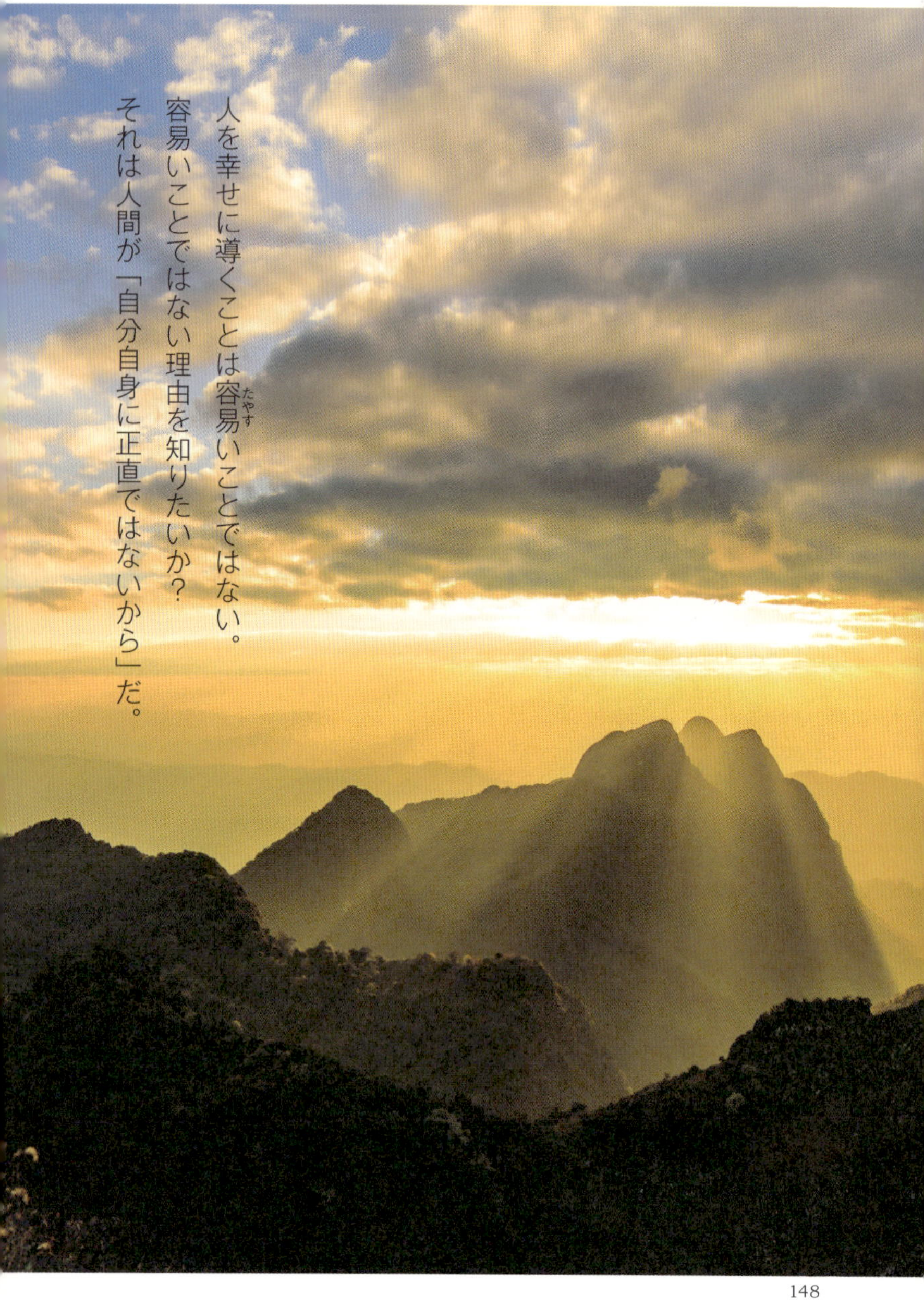

人を幸せに導くことは容易《たやす》いことではない。
容易いことではない理由を知りたいか？
それは人間が「自分自身に正直ではないから」だ。

人の社会で生きるために、
誰もが自分だけを大切にするのではなく、
相手と自分を合わせて生きています。
しかし、いつの間にか、他人を優先して
「自分の本心」「自分自身の声」も
無視してしまうようになっていないでしょうか？

この地球では「留《とど》める」ということは不可能です。
人が人を留めることができないように、
自然も同じように留まってはいません。
もし、あなたが留めているように感じていることがあるなら、
それは留めている相手があなたのためにその場所にいるだけですから、
いつかはその場から離れ、流れていくでしょう。

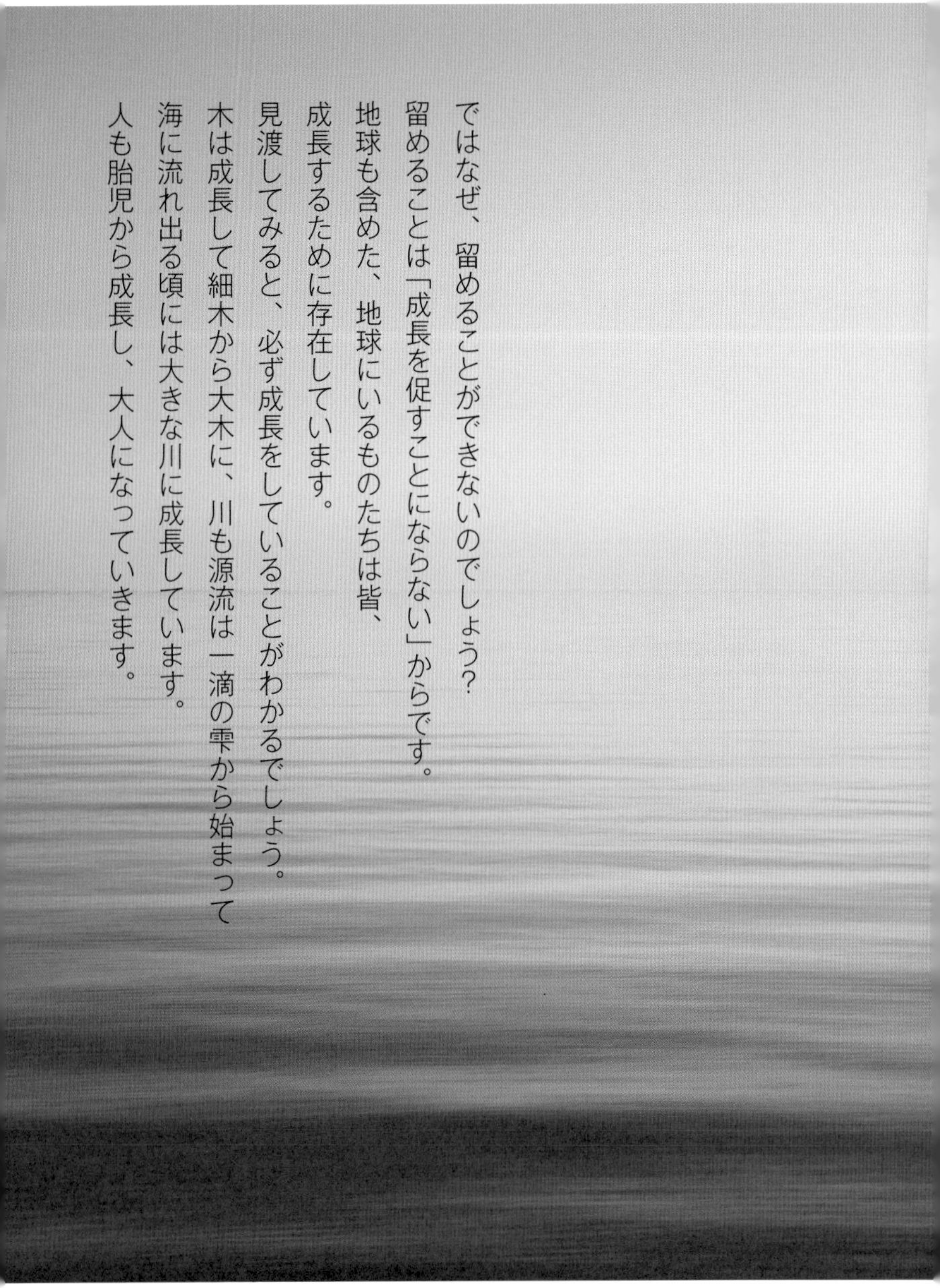

ではなぜ、留めることができないのでしょう?
留めることは「成長を促すことにならない」からです。
地球も含めた、地球にいるものたちは皆、
成長するために存在しています。
見渡してみると、必ず成長をしていることがわかるでしょう。
木は成長して細木から大木に、川も源流は一滴の雫から始まって
海に流れ出る頃には大きな川に成長しています。
人も胎児から成長し、大人になっていきます。

龍のエネルギーの取り入れ方

エネルギーの取り入れ方は2種類あります。エネルギーを直接身体に通す方法と、エネルギーを理解する方法です。

感覚を研《と》ぎ澄ませて体感しながら龍のエネルギーを感じたい方は、エネルギーを直接身体に通す方法を、理論的に金龍と銀龍について学び、エネルギーを取り入れたい方は、エネルギーを理解する方法から始めてみてください。

どちらの方法が優れているわけでも劣っているわけでもありません。お好みの方法で龍のエネルギーに触れてみてください。そして、その方法に慣れたら、もう一方の方法を試してください。龍に関する新たな発見があるでしょう。

❶ エネルギーを身体に通す

金龍と銀龍のエネルギーを、身体を使って取り入れる方法です。

自分の身体よりも細い龍のエネルギーであれば身体の中を通しても良いですし、巨大な龍であれば、龍の身体に手を入れたり、頭を入れたり、全身すっぽりと龍の体内に入っても良いです。自分が、龍というエネルギーとどのように触れ合いたいかを考え、行ってみてください。

ただ、現在龍が見える、感じられる、龍と話せるという状態でない人の場合は、この方法は簡単ではないと感じられるかもしれません。そのような場合は、次項の「見る、感じる、話す」で紹介している方法を実践してください。その方法でもエネルギーを身体に通すことができます。

❷エネルギーを理解する

金龍と銀龍の考えや役割を知り、それについて自分で考え、さらに目に見えない龍の存在を認めて受け入れることでも、エネルギーを取り入れることはできます。

本書は、金龍と銀龍に関する情報とエネルギーを存分に盛り込んだものになっているので、読むだけでもエネルギーを取り入れることになります。もしかすると、エネルギーを取り入れるお手軽な方法かもしれません。

金龍と銀龍のエネルギーが、あなたの中にバランスよくあることが大切です。そのため、「感じにくい」と思ったほうの龍のエネルギーを積極的に受け取ることが必要です。金龍と銀龍の両方のエネルギーを感じ、「あれ？　今日は金龍を感じられない」と思ったら、金龍のエネルギーがいま必要だということです。

金龍と銀龍のエネルギーがバランスよく自分の中にあるときは、自分の感情に呑まれることはありません。呑み込まれそうになったときにも、自分も他人も物事もすべて俯瞰して見られる状態にあります。

自分の外側ではなく内側を意識して、自分が感じたことを信じ、あなたの中の金龍と銀龍のエネルギーバランスを整えましょう。

見る、感じる、話す

龍は目に見えないエネルギーですが、それを何らかの形で受け止めてみたいと思う方もいらっしゃるでしょう。練習すれば誰でもできるようになります。

これから紹介する3つの練習には順番はありませんが、「話すための練習」は「見るための練習」と「感じるための練習」を総合したものです。

やってみたい練習から始め、すべてを試してみてください。

◈見るための練習「画像を再現する」

皆さんの身の回りにある龍の画像を利用します。お好きな龍の画像を入口にして、身近にいる龍の姿を捉えます。

❶龍の画像を眺めます。

力を入れて見るのではなく、眺めてください。

❷目を閉じて、眺めていた龍の画像を思い出します。

龍の画像を再現してください。再現しようと真剣になり過ぎず、あなたの思い出の場所を思い出すときのように、画像の龍の姿を思い出してください。

❸再現できた龍を眺めます。

再現した龍に寄ってみたり、離れてみたりして眺めます。龍の横、上、後ろなどの様々な視点から龍を観察してください。

❹画像の龍と再現した龍の、異なる部分に注目します。

色や姿などに、画像の龍とは違うと感じる部分が出てきます。画像では見えなかった龍の部分を見ることができたり、龍の一部分の色が違うように見えたりします。大きな違いだけを見つけようとするのではなく、「なんとなく違うような気がする」という点に注目してください。

龍の画像とは異なる部分が、あなたの身近にいる龍の特徴です。

この方法は「龍の画像を思い出す」といううきっかけによって、「自分は龍を見ることができない」という意識を弱め、身近にいる龍の姿を見やすくする方法です。見ようと力を入れすぎないように、ゆったりとした気持ちで行ってください。

◆感じるための練習「五感ではない感覚を利用する」

感じる練習で利用するのは、五感（視る・聴く・嗅《か》ぐ・味わう・触わる）ではない感覚です。

普段、自分の外側にあるものの状態を認識するために五感を利用しますが、感じる練習では自分の内側の状態を認識するために、それ以外にある感覚を利用します。

❶五感がなるべく働かない環境を作ります。

目を閉じる「視を止める」、静かな場所に行く「聴を止める」、空気の綺麗な場所に行く「嗅を止める」、口の中を空にする「味を止める」、一人の空間を作る「触を止める」という、五感のすべてが働かない場所を作ります。

慣れてくれば目を閉じずに「視を止める」ことも、騒がしい場所で「聴を止める」ことも可能ですが、はじめは五感のすべてを働かない状態にしたほうが、より龍を感じやすくなります。

❷ 自分の内側の状態を見ます。

五感を働かせるのを止めると、自分の内側に意識が向きます。いま、自分が考えていることがいつもよりはっきりわかったり、痛みなどの身体の不調を抱えている人は、その箇所がはっきりわかったり、自分自身のいまの状態を認識できるようになります。

❸ 再び五感が何かを感じることに気づきます。

❷の状態を維持していると、五感を働かせないようにしているにもかかわらず、目を閉じている自分が見えたり、何もない真っ暗なところから光が見えたり、何かの言葉が聞こえたり、良い香りや味がしたり、何かの気配を感じたりし始めます。

これは、自分の内側に意識を向けることを維持し続けることで自然に起こります。物質的には何も起きていないのに五感が何かを捉え始めるのです。これを「感じる」と呼び、この状態を利用することで龍を知覚することができます。

❹ 感じる状態で龍を求めます。

❸の「感じる状態」になってから、龍を求めます。龍に呼び掛けても良いですし、

自分の正面に来てくれるように願っても良いです。あなたが龍を感じたいと願うことで龍が応えます。龍のエネルギーを感じたいと願うと、あなたに合った龍を感じることができます。

龍の感じ方は人それぞれです。

そして、同じ人でも時と場合によって感じ方が変わるため、「これが感じるということです」と言い切れるものはありません。

ただ、龍を初めて感じるとき、龍のエネルギーが非常に弱く、かすかなものに感じることがよくあります。

初めから、はっきりと「これが龍だ！」と確信を持つ人は多くありません。そのため、どんな小さな変化も逃さないようにしてください。繰り返し練習をして、感じる力を伸ばしましょう。

◆話すための練習「固定観念を手放す」

龍と話すことも、もちろん可能です。龍も、人と話ができればさらに多くのことをサポートできると知っていて、人とのコミュニケーションを求めています。互いに話したいと思っているのですから、話してみましょう。

人の中には元々「龍と話すためのアンテナ」が備わっています。すべての人に備わっているので安心してください。

龍の声を聞き、話をする、その方法は「固定観念を手放すこと」です。

たとえば、龍の話し方について「威厳のある低い声で、多くを語らない」という固定観念があると、龍と話せるアンテナはそちらに向いているため、「陽気な明るい高い声でよく喋《しゃべ》る」という特徴の龍がそばにいても、受信できずに話すことができません。龍の話し方について固定観念が強ければ強いほど、話をすることができなくなってしまいます。

「感じるための練習」の❹までを丁寧に行い、龍に話しかけてみてください。

これも、龍の言葉を聞こうと真剣になり過ぎず、ゆったりとした気持ちで行ってください。

私たち夫婦が出会ってきた龍たちは、いろいろな話し方をしました。威厳を感じる大きな龍はゆっくりと低い声で話し、優しく落ち着いた龍は諭すように話し、陽気な龍は一方的に話しました。

人の態度や話し方が十人十色であるように、龍にも個性があります。自分の中にある龍の固定観念を手放し、龍と話すアンテナを自由自在に調整し、コミュニケーションを楽しみましょう。

第7章

龍と人間が上手につきあうために…

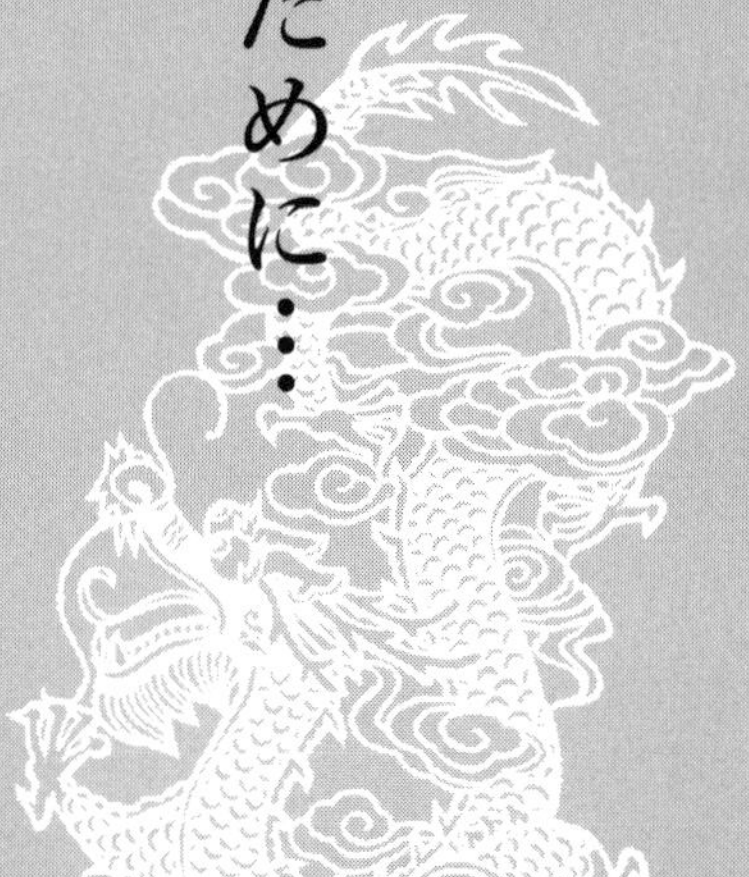

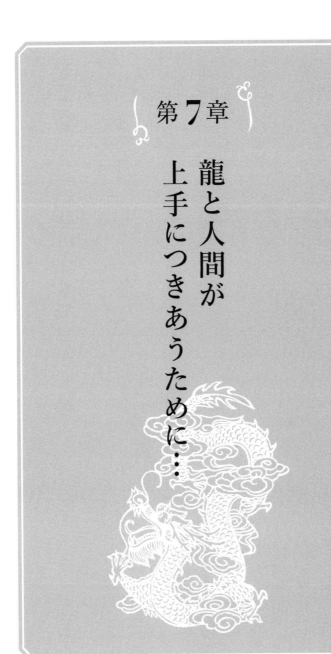

金龍と銀龍の導きで生きていく

ここまでお読みいただき、ありがとうございます。龍とつきあう中では、「驚くほどのタイミングの良さ」というものに頻繁に出会うので、最後の章で、私たちと龍のつきあいの中で感じたことなどをまとめてみたいと思います。

私たち夫婦は、Ｔｏｍｏｋａｔｓｕが会社員をし、紫瑛《しのえ》は専業主婦をして生活していましたが、あるときを境にＴｏｍｏｋａｔｓｕが退職をして２人でどう生きるかを模索しました。

その中で、龍を始めとした目に見えない存在と人をつなげることに力を入れ始め、それと共にどこで生活するかを検討した時期があります。日本中の情報を集め、北海道から沖縄まで気になった場所に出かけて現地を視察し、その結果、住もうと決めたのが、現在住んでいるマンションです。この土地には大きな銀龍が二体いて、朝夕に決まったルートを巡回するのですが、その巡回が窓から見える物件に住んでいます。

　この物件は、不動産屋さんで別の物件についてスタッフの人と話している最中に、「今キャンセルの電話が入って、この部屋が空いたのですが内覧しますか?」と提案されたものです。空きが出ない物件なので、入居は難しいと話していたときに私たちの前に現れました。迷わずすぐに内覧しましたが、何一つ注文を付けるところがない、願っていたものだったことに驚きました。

　このとき、私たちはこの土地に銀龍がいることも、もちろん巡回ルートにも気づかず、ただ間取りや窓から見える風景などの何もかもが願っていた物件だったということだけに注目し、内覧後にすぐ契約し、引っ越しをしました。

　引っ越してからは、私たちはこの土地を散歩することが楽しみとなりました。特に紫瑛は運河のそばを歩いて風景を見たり、ベンチに座って本を読んだりしていましたが、その様子を見たＴｏｍｏｋａｔｓｕが、紫瑛の目の前にある運河を通る銀龍を見つけ、この土地に銀龍がいて巡回していることに気づきました。

　このようなことをして過ごしているうち、間もなくアーロンが突然眠りから覚め、私たちとコミュニケーションをとるようになったのです。

「この地は、金と銀の龍が交わる場所。金と銀の龍は互いに引き寄せ合う力を持つから、この場所はお主たちの場所であり、我らの場所でもある。今までの願いだけでなく、新たな願いも生み出し、この地で現実のものとするが良い。」

このように話してくれ、私たちをこの場所に導いてくれたのは、アーロンとこの土地の龍たちだったことを知ったのは、もちろん引っ越してきた後にです。

Ｔｏｍｏｋａｔｓｕの退職を知った人の多くは、「大丈夫なのですか？」とお金の心配をしてくれました。しかし、お金が底をついたことはありません。アーロンと銀龍たちに導かれて住み始めた場所で、なぜかお金がうまく循環しているのを感じています。新しい講座などのアイデアが生まれたので、形にして受講生を募集したら満員になり、他に提供しているサービスにも申し込みが増えました。

私たちの活動は、私たちだけの意思ではなく、目に見えない存在と相談しながら行っています。龍に関する講座をするときは、龍が人に伝えたいことや、龍とつきあうときに人が理解したほうが良いことなどをまとめて、アーロンたちとカリキュラムを決めます。そして、アーロンたちと一緒に講座をします。これが私たちにとって、楽しくお金も受け取れる方法です。

龍の大きさが変化するとき

さて、私たち夫婦のそばにいる金龍「アーロン」が出会ったときより大きくなったことは書きましたが、人の意識の成長と共に成長する龍が存在します（龍の大きさが変化する場合もあれば、色や口調だけが変化することもあります）。

意識の成長とは、自分に自信をつけ、様々な人や物事を受け入れる度量が大きくなることです。アーロンの成長は、私たち夫婦の意識の成長と言えます。

もちろん、龍が大きければ素晴らしいということではなく、私たち夫婦が何かについて人より秀でていることでもありません。龍の成長を目の前で見たので、龍は成長することを事実として伝えられるだけです。

同じ龍を見ても、大きく見える人もいれば、小さく見える人もいます。畏敬《いけい》や畏怖《いふ》の念から、龍は尊い存在または恐ろしい存在という「自分用のフィルタ」を持っている人は、持っていない人に比べて龍が大きく見えます。

また、人が自信をつけ、様々な人や物事を受け入れる度量が大きくなると、それと共に姿が大きくなる龍もいます。これは、すべての龍に起こることではなく、一部の龍です。そして、その身体が大きくなる龍を見たとしても、人が持つ自信や受け入れる度量に左右されて、人それぞれに見える大きさに違いが出ます。

龍は、大きければ、または小さければ素晴らしいということはありません。どのような大きさに見えても、その大きさに見えることに意味があります。

龍にも口調があります

龍の口調は人のフィルタによって変化するので、荘厳な喋《しゃべ》り方をする龍もいれば、ユーモアたっぷりの喋り方をする龍もいます。

その人が持つ龍のイメージだけでなく、生きる中で見聞きしたこと、経験したことのすべてが、「自分用のフィルタ」に影響しているので、たとえば、龍のエネルギーがフィルタを通って実家にいるときの感覚とつながると、自動的に龍は実家の雰囲気や、そこで家族が話している口調になります。これが、方言を話す龍がいる理由です。

また、「その土地の龍は、その土地の言葉を話す」という自分用のフィルタを通ると、方言を話すことがあります。東北では東北弁、関西では関西弁、沖縄では沖縄弁を話します。

あなたのフィルタを通ることでその龍のエネルギーの口調が決まるので、もしその口調が気に入らないのであれば、ご自身のフィルタを変えれば良いのです。それは、龍の視点から見ても何も問題ありません。

ところで、本書には何度も金龍と銀龍があなたに話しかける場面がありました。

金龍は、

「我が名はアーロン。金龍であり、大地である。」

このような、荘厳で重みのある話し方をしていました。

そして、銀龍は、

「私はミタと申します。流れを司る銀龍です。」


というような、優しい話し方をしていました。

金龍は、「○○である」「○○だ」という断定の言葉を多く使い、「あなた」のことを「お主」と言います。少し古い話し方という印象です。

それに対し銀龍は、「○○です」という話し方で、丁寧な印象です。

この違いは、私たち夫婦のフィルタを通した結果であり、他の人が金龍と銀龍のエネルギーを感じたときに、同じ口調になるとは限りません。

決まったものはないのです。話し方の違いも方言も、その龍の特徴として私たちは楽しんでいます。

龍神という存在について

「龍は神である」という自分用のフィルタを通したときに、龍はその人にとって龍神となります。

自分を導いてくれる存在、間違ったときに罰を与える存在、厳しく接し自分を律してくれる存在、見守ってくれる存在……。確固たる「龍神は龍神である」という考えを持つ人には抵抗があるかもしれませんが、本書では龍神も龍で、金龍もしくは銀龍です。

もし、龍のエネルギーを感じ取ることが苦手で、神社やお寺でどちらの龍がお祀りされているのか知りたい場合は、その龍神をお祀りした人たちの想いに注目してください。

地震や火山などで災害が起こらないように祈念されているのが金龍で、水害や水難事故、渇水などが起こらないように祈念されているのが銀龍です。

アーロンが話しています。

「龍を神として祀るのは、
過去の歴史において、神としなければならない事情があったからだ。
そのほとんどは、災いを治めるために龍の力を利用するという理由である。
それは昔の話であり、人は今、その祀られている場所の空気や風景から
龍を感じることができる。
今そこにいる龍に出会うがいいだろう。
身構えずに、その土地の龍を感じるのだ。」

過去の経緯は過去の人のものであり、今は今を感じることだけで事足ります。もちろん、過去の人が残した情報はとても大切なので捨てる必要はありませんが、過去に縛られ過ぎる必要もありません。「現代の人は直感に優れている」とアーロンが話しています。自分の直感を使って、その土地の龍と仲良くしてみましょう。

龍は決して怒りません

本書をここまで読み進めたあなたにはもう必要ない情報かもしれませんが、いま、龍に興味がある人が多い一方で、龍に対して恐怖を持っている人もいます。そのことに対し、龍たちは口々に言います。

「私は怒っていません。」

目つきは鋭いですが、怒って火を吐くような龍に出会ったことはありません。龍の目はとても澄み切っていて美しい輝きを放っています。

アーロンが話しています。

「龍がお主に爪を立てたことはない。

畏怖の念はお主の心の中にある。

それは今に始まったことではなく、お主が龍のエネルギーを意識し始めた頃に遡《さかのぼ》る。

龍は自然と結びつけられ、さらに天災と結びつけられてきた。

その結びつきによって、大地の揺れは龍の怒り、大嵐は龍の祟り、と言う者が増えたのだ。」


そもそも天災を龍の仕業だとする考え方は、天気予報も緊急地震速報もない時代にあったものです。突然大地が揺れて建物が壊れたり、雨風が吹き荒れたりしたときに、

「何だ、これは?」

「龍の仕業だ」

「そうか、龍神様をお祀りし、その怒りを鎮めていただこう」

と、「龍神頼み」のような風習があった時代のものです。

しかし、神社やお寺に奉納された龍の絵や、伝説として語られている人を襲う龍の印象から、龍は恐ろしいものであり「龍は気性が荒い」「龍に怒られた」などと感じ

る人が生まれました。「龍は怖い」という印象だけが今も残っているのです。
人が必要として龍は存在し、お互いを助け、高め合う関係として在るのですから、
怖れる必要はありません。

怒られたと感じるのは、なぜか

怒っていないのに怒っていると思われている龍を代表し、ミタが話しています。
「私たち龍は、人の思いがわかります。
わかるからこそ、その人にわかりやすいように伝えることができるのです。
しかし、その体験によって、私たちが何でも知っていると恐怖を抱く人がいます。」
銀龍は特に、わかりやすいように伝えることが多いと、私たち夫婦は感じます。
こういうことがありました。

沖縄県・西表島で、私たち夫婦がマングローブの森をカヌーで1日探検するツアーに参加したときのことです。

私たちの体力に合わせて川をカヌーで遡り、行ける限り森の奥まで進むことをガイドさんと決めて、晴天の中、出発しました。初めてカヌーを漕いだのですが、カヌーで行ける最奥まで到達でき、感動しました。この森で人が立ち入れるのはここまでだと実感し、緑と水の美しさが自然に目に焼き付きました。

そしてカヌーを操って帰っている途中、衝撃的なことが起こりました。天候の急変です。カヌーで途中まで川を下り、その後はモーターボートに乗り換えて出発点へと帰る予定になっていたのですが、カヌーを降りる直前からポツポツと雨が降り出し、モーターボートに乗り換えた後に雷雨になりました。私たちが数十分前までいた森の奥に稲光が落ちるのが見え、雷鳴が轟《とどろ》き、バケツをひっくり返したような大雨が容赦《ようしゃ》なく打ち付け、気温が急激に下降して寒さを覚えました。

長年ガイドをしている方が、「こんなことは初めてです」と言う天候の変化で、急きょ台風のときにモーターボートを避難させる場所へ避難し、雷がおさまるのを見計らって、出発地点まで帰ることができました。

銀龍とつきあう中で起こる天候の変化には、私たちは慣れています。私たちの行動に対してタイミングが良すぎるほどの「晴れと雨」は頻繁に起こるからです。車での移動中は雨、降りたときには晴れ、また車に乗れば雨という繰り返しが起こります。銀龍のいる場所に行くとお迎えのように大雨が降り出すこともあります。その中でも強く思い出に残るのがこの西表島での雷雨です。

銀龍が、私たち夫婦が初めて見る景色に感動しながら自身を見つめ、気づきを得たことを大変喜んでくれた結果が、この天候の変化に表れました。私たちが、生き方を変える大きなきっかけになった出来事のひとつです。

私たちは、銀龍がいる場所へ行ったときの大雨は、銀龍の歓迎と捉えています。

「よく来ましたね。」

と、嬉しそうに現地の銀龍が話しかけてきます。風や雲で歓迎を表してくれることもあるので、雨だけに促われることはありませんが、雨はわかりやすい印です。

天候に関していえば、強風で電車が徐行運転や運転見合わせになって目的地に着くのが難しくなり、予定を変更して日を改めたこともあります。

予定の変更は、今はそのタイミングではないと捉えます。こちらの準備が足りなかったか、先方の都合がつかなかったのだろうと解釈します。実際、先方の都合は確認していないのでわかりませんが、この流れでどんな結末になるのかが見えている銀龍のすることです。龍の意見を取り入れて行動するのが賢明だと考えています。

私たちは、天候などを通して龍からのメッセージを受け取ったとき、「怒られた」と捉えることはありません。予定していたことができなくなっても、必要なことが起きたと考えています。

大雨だから、雷だから、強風だから、地震だからと、怖れを持って目の前に起こったことを理解しようとするのではなく、目の前に起こったことから、いま自分がどうしたいのかを考えて行動しています。

これが私たちの、龍の意見の取り入れ方です。「その分野に詳しい友達の意見を聞いてみる」という気軽さで龍とおつきあいしましょう。

龍と共に楽しく生きる

アーロンが話しています。

「もし、龍に格上、格下というものがあるとすれば、
それを求める人の意識が、その格上、格下を生み出している。
龍は、本をただせば1つのエネルギーだ。
故に、龍の中には格上も格下も存在しない。

もう一つ大切なことを伝えよう。
仮にお主が格上を求めたとしても、お主が思うその格上の存在の言うことが
理解できなければ、まだその時ではないということだ。」

いま、あなたの求めに応じ、あなたをサポートしている龍を信頼してください。

仮に人の感覚で言う「格上の龍」がいて、その龍にサポートを求めたとしても、求めた人の準備できていなければ、その龍は意思疎通が全く取れない、いるかいないかもわからない、龍であるかどうかもわからない存在になってしまいます。

人間の想像を絶する深い愛のエネルギーである龍にとっては、すべてが平等です。人を選り好みしません。その人の身の丈に合った龍がサポートをするという状態だけがあります。人と人とを比較することも、龍同士を比較することも、もちろん人と龍を比較することもなく、ただ、それぞれがそれぞれの役割を持って生きていると、龍は考えています。龍に感謝をしながら、龍も人もお互いに尊重し合う生き方をおすすめします。

私たち夫婦は龍を、「困ったときに頼りになる仲間、お互い楽しく過ごせるパートナー」と理解し、共に毎日楽しく生きています。

おわりに

いかがでしたでしょうか。

龍が何を考え、何をしているのかをお伝えしてきましたが、これが、金龍と銀龍から聞いた「龍と共に願いを叶える方法」のすべてです。これを夢物語や他人事のように感じる方もいるでしょう。

しかし、私たち夫婦は実体験から本書を書きました。

私たちは龍と共に願いを叶える方法によって、願いを叶え続けています。そのひとつが、本書の出版です。

今回このような形で本を書かせていただくことになったのは、2年くらい前から抱き始めた「本を出版したい」という願いの純度を、本書で紹介している方法を実践して、上げ続けた結果です。

しかしながら、常に大切にしていただきたいのは「あなたの意思」です。私たちが紹介している願いを叶えるためのエッセンスを、あなたの人生に合わせて利用していただきたいと思っています。

たとえば、龍と生きてもいいし、生きなくてもいい。龍と願いを叶えてもいいし、そうでなくてもいいのです。

「どうしたいですか？」と、本心に聞いて行動してください。龍と生きることについて自分で深く考え、行動する人には、龍は願いを叶える手助けを必ずしてくれます。

最後に、皆さんに金龍と銀龍からのメッセージをお伝えします。

金龍から皆さんへ

「一人ひとり、人生の目的が違うのだから願いは違う。しかし、皆『自分の幸せ』を願っているはずだ。自分の幸せと言っても、自分ひとりが幸せになれば良いという願いではない。お主が喜びを感じたら、周りも喜びを感じているかを確認するのだ。そうすれば、『自分の幸せ』が『他人の幸せ』に還元されていることに気がつくだろう。」

銀龍から皆さんへ

「流れは繰り返し訪れます。だから、心配はいりません。『逃した』と後悔する必要もなければ、『これしかない』と無理をして飛び込む必要もありません。今回、私たちが伝えている『願いを叶える方法』も、ご自分の準備が整い次第行うべきものなのです。できるところから、やってみたいところから進めてください。私たち龍は必ずあなたのそばにいます。」

ありがとうございました。
あなたの中にある素敵な願いを叶え続けてください。

Message from Kinryu

幸運を身近に感じることができただろうか。

今いる世界、日本、自分のいる場所、
どの視点であっても感じることができることに気づいただろうか。
幸運は気づいたものから感じられるのだ。
そして、自分が幸運を感じているということを認知することが、
新たな幸運を身近に感じるきっかけとなるだろう。

＊

お主の幸せを喜ばぬものが、どこにいるだろうか。

過去のお主は今ここにいるお主のために上を向き、
今のお主は未来にいるお主のために上を向き続ける。
上を向くために多くを見聞きし、考え、
自分で答えを導くお主の姿を知る者たちならば、
お主の幸せを自然に喜ぶ。
喜ぶことしか考えないであろう。

幸運の波に乗ることを恐れる必要はない。
お主の気づきを軽視する者もいなければ、お主の幸せを喜ばぬ者も見えぬ。
そこにあるのは、次から次へと自分の幸運を感じるお主だけだ。

Message from Ginryu

願いが叶っていく体験を初々しく感じるのは一瞬です。
その後は、もう一度「あのときの体験」を求めたとしても、
味わうことは難しいでしょう。
初々しく感じた後に残るのは、「あのときの体験」を求める感覚ではなく、
新しい願いを叶えようとする好奇心や欲です。

1つひとつの願いが叶っていくたびに、
「次を叶えたい、次を叶えたい」と渇望していくのは、
人だけでなく、地球上の生きとし生けるものすべてです。
地球上のルールと言っても良いでしょう。
だから遠慮はいらないのです。
願いがどんどん叶う体験を求めてください。

叶えば叶うほど、次から次へと願いが生まれ、

その願いを叶えるために考えて行動することでしょう。
行動した先に待つのが、新しい願いが叶うという体験です。

*

次々に願いが叶う中で、願いの質が変わることにも気づいてください。
はじめは自分の好奇心や欲を満たすだけだった願いが、
「他人の笑顔や満足という、感覚を作る効果」を求め始めます。
もちろん、それも自分の願いであることが前提です。

他人の願い（器に入る石）と感じることなく、
他人のことが思えるようになっていきます。
それが、さらなる願いを叶える体験を生み出すでしょう。

著者紹介

Tomokatsu　チャネラー。見えないものが見える少年時代を過ごすが、学生時代、大手携帯電話会社での会社員時代はそれを封印して生活を送る。東日本大震災をきっかけに、本格的にチャネラーとして活動を開始。
龍に関する講座「ドラゴンライダー」「龍のエネルギーを感じるワーク」が好評で、「初めて龍を見た！感じた！」という声が続出。金龍アーロンをはじめ世界中の龍からのサポートのもと、各種講座を展開している。日本のみならず海外からも希望者のいるカウンセリングセッションの他、チャネラー・ヒーラー養成講座、エネルギーワークなども行っている。リサ・ロイヤル氏のチャネラー養成講座修了。全米ヨガアライアンス200時間修了。

紫瑛　チャネラー。幼少期に金龍が描かれた掛け軸を見たことを機に、金龍アーロンが現れる。Tomokatsuと結婚後、アーロンが目覚め、本格的な龍との生活が始まる。エネルギーを敏感に感じ取る力が強く、現在はTomokatsuと龍たちと共に願いを叶えながら、講座等のプロデュースをしている。

公式サイト　https://nijikaze.com/

金龍《きんりゅう》・銀龍《ぎんりゅう》といっしょに幸運《こううん》の波《なみ》に乗《の》る本《ほん》

2018年11月25日　第1刷

著　　者　Tomokatsu《ともかつ》／紫瑛《しのえ》

発 行 者　小 澤 源 太 郎

責任編集　株式会社 プライム涌光
電話　編集部　03(3203)2850

発 行 所　株式会社 青春出版社
東京都新宿区若松町12番1号 〒162-0056
振替番号　00190-7-98602
電話　営業部　03(3207)1916

印　刷　共同印刷　　製　本　フォーネット社

万一、落丁、乱丁がありました節は、お取りかえします。
ISBN978-4-413-23105-3 C0095